eurolingua
Deutsch 1
Neue Ausgabe

Teilband 1

eurolingua Deutsch 1

Neue Ausgabe
Deutsch als Fremdsprache für Erwachsene
Teilband 1

Im Auftrag des Verlages herausgegeben von:
Prof. Dr. Hermann Funk und Michael Koenig

Erarbeitet von:
Knut Eisold, Ute Koithan und Christian Seiffert

Redaktion:
Dr. Ulrike Litters (verantwortliche Redakteurin)
Dr. Gunther Weimann (Projektleitung)

Beratende Mitwirkung:
Dr. Friederike Jin (Goethe-Institut Frankfurt),
Dr. Barbara Laue (AmkA Frankfurt)
und Dieter Maenner (Volkshochschule Frankfurt)

Redaktionelle Mitarbeit:
Nina Boie (Vokabular)

Illustrationen:
Laurent Lalo

Umschlagfoto:
Matthias Fischer

**Gesamtgestaltung und
technische Umsetzung:**
Leonardi.Wollein, Berlin

Weitere Kursmaterialien:
Sprachtrainer | 214125
Audio-CD | 211622
Kassette | 211398
Vokabeltaschenbuch | 211355
Handreichungen für den Unterricht | 211380
Lernerhandbuch | 212254

 http://www.cornelsen.de

Die Internetadressen und -dateien, die in diesem Lehrwerk angegeben sind, wurden vor Drucklegung geprüft (Stand: Februar 2005). Der Verlag übernimmt keine Gewähr für die Aktualität und den Inhalt dieser Adressen und Dateien oder solcher, die mit ihnen verlinkt sind.

1. Auflage, 1. Druck 2005

Alle Drucke dieser Auflage sind inhaltlich unverändert und können im Unterricht nebeneinander verwendet werden.

© 2005 Cornelsen Verlag, Berlin

Druck: aprinta, Wemding

ISBN 3-464-21388-9

Bestellnummer 213889

 Gedruckt auf säurefreiem Papier, umweltschonend hergestellt aus chlorfrei gebleichten Faserstoffen.

Erläuterung der Symbole

⬚ .... Partnerarbeit

⬚ .... Gruppenarbeit

⬚ .... Der Text ist auf Kassette oder CD zu hören

A, B oder C ..... Verweise zum Lernerhandbuch

Hinweise

*Der vorliegende Band 1, Einheit 1 – 8, ist der erste des insgesamt fünfbändigen Deutschlehrwerks, mit dem Sie das Niveau des Zertifikats Deutsch erreichen. Es zeichnet sich durch eine enge Orientierung am **Gemeinsamen europäischen Referenzrahmen** aus. Das Buch wird Sie während des Kurses und zu Hause beim Deutschlernen begleiten. Sie finden hier das Material, das Sie im Kurs benötigen (Texte und Aufgaben) und Materialien, mit denen Sie zu Hause das im Kurs Gelernte wiederholen und vertiefen können.*

Das Kursbuch

besteht aus 8 **Einheiten**, 2 **Optionen** und einem Anhang. Jede **Einheit** beginnt mit einer bilderreichen Auftaktseite, die Sie mit einfachen Aufgaben an den Lernstoff heranführt. Es folgen drei bzw. vier Doppelseiten, in denen der Lernstoff in einzelnen Abschnitten kleinschrittig präsentiert wird. Den Abschluss einer jeden Einheit bildet die Seite **So geht's**, die das Gelernte übersichtlich zusammenfasst.

Auf den Doppelseiten finden Sie vielfältige Materialien und Aufgaben, die das Lernen erleichtern und so abwechslungsreich wie möglich machen. Sie lernen in einfachen Alltagssituationen sprachlich zurechtzukommen, einfache gesprochene Texte zu verstehen, geschriebene Texte zu entschlüsseln und einfache Texte zu schreiben. Bei der Vermittlung von landeskundlichen Inhalten erhalten Sie die Gelegenheit, das Leben und die Menschen der deutschsprachigen Länder mit Ihren eigenen Lebenserfahrungen zu vergleichen. Besonderen Wert haben wir darauf gelegt, dass Sie beim Lernen über Ihre persönlichen Bedürfnisse nachdenken und auf diese Weise Ihren eigenen Lernstil finden können.

Die **Optionen** bieten zusätzliche Materialien an, mit denen Sie den Lernstoff der vorangegangenen Einheiten in spielerischer Form wiederholen und vertiefen können. Zudem ist in den Optionen ein Phonetik-Kapitel integriert, das Sie in systematischer Form an Rhythmus, Melodie und Aussprache des Deutschen heranführt. Am Ende einer jeden Option finden Sie eine Seite zur **Selbstevaluation**, mittels derer Sie in Erfahrung bringen, was Sie wie gut können.

Im Anhang finden Sie eine systematische Zusammenfassung der behandelten grammatischen Themen, die nicht in den Einheiten abgedruckten Hörtexte, den Lösungsschlüssel, einen Überblick mit Redemitteln für den Unterricht sowie eine alphabetische Wortliste.

Im Vokabeltaschenbuch / In den Glossaren

stehen alle neuen Wörter in der Reihenfolge ihres Auftretens mit Angaben zur Intonation, der Übersetzung bzw. einer Leerzeile und einem Beispielsatz.

Die Kassetten oder CDs

enthalten alle Hörmaterialien, die im Buch mit dem Symbol 🎧 gekennzeichnet sind.

Das Sprachtraining

ist für alle Lerner, die noch etwas intensiver „trainieren" möchten, gedacht. Es enthält zu jeder Einheit zusätzliche Übungen zum Wortschatz und zur Grammatik.

Das Lernerhandbuch

hilft Ihnen, Ihren persönlichen Lernprozess zu steuern. Es begleitet Sie vom ersten bis zum letzten Band von **euro**lingua **Deutsch 1** und bietet systematische Informationen zu drei wichtigen Bereichen des Sprachenlernens an. Der Teil **Das Lernen lernen** gibt Informationen und Hinweise zu Lern- und Arbeitstechniken. Im Abschnitt **Kommunikation** sind die wichtigsten kommunikativen Situationen geordnet, die Sie in **euro**lingua **Deutsch 1** bewältigen lernen. Die **Grammatik** fasst alle Strukturen zusammen, die Sie für das Zertifikat Deutsch benötigen. So dient das Lernerhandbuch als kursbegleitendes Nachschlagewerk, auf das Sie jederzeit zurückgreifen können.

Wir wünschen Ihnen viel Erfolg und Freude beim Lernen mit **euro**lingua **Deutsch 1**.

Inhalt

Kommunikation	Grammatik	Lernen lernen
– sich begrüßen und kennen lernen – sich vorstellen – Namen erfragen – **Wortfelder:** Begrüßung, Deutsch lernen	– bestimmter Artikel – Verb: 1. Ps Sg./Pl. – Wortarten erkennen – Wortakzent, Satzakzent	– Verben markieren – Wortkarten entwerfen – mit Lernplakaten lernen – Vokabeln in den Alltag integrieren
– buchstabieren – Telefonnummern erfragen – zählen – **Wortfelder:** Zahlen, Telefonieren	– Aussagesatz – W-Fragen – Ja/Nein-Fragen – Verbposition – Verneinung mit *nicht* – Zahlen bis 1000	– Dialoge mit Stichwortzetteln vorbereiten
– etwas bestellen – sagen, was man (nicht) mag – **Wortfelder:** Speisen und Getränke, Kino, Small talk	– Verben im Präsens – *sein* und *haben* – unbestimmter Artikel – *kein/e*	– Lernstoff in der Freizeit wiederholen
– geographische Positions-angaben machen – Personen vorstellen – **Wortfelder:** Ländernamen, Reisen, Geographie	– Ländernamen und Artikel	– Texte erschließen – Informationen ordnen – eigene Übungen entwickeln
	– **Phonetik:** – Rhythmus (Betonung) – Melodie (Fragemelodie) – Aussprache (**sch**, **st** und **sp**) – die Umlaute **ä**, **ö** und **ü**	– Lernfortschritte überpüfen und einordnen – eine Bilanz ziehen

Kommunikation	Grammatik	Lernen lernen
– sagen/fragen, was man möchte, – Mengen und Preise benennen – sagen, was man (nicht) gern mag – Wortfelder: Lebensmittel, Mengen, Einkaufen	– Plural der Nomen – Akkusativobjekt	– Wortschatz ordnen und gruppieren
– Uhrzeit erfragen/angeben – über Hobbys sprechen – sich verabreden – **Wortfelder:** Hobbys, Uhrzeit, Wochentage, Verabredungen	– trennbare Verben – Satzklammer – Personalpronomen im Nominativ und Akkusativ	– Verben in Beispielsätzen lernen
– die Familie vorstellen – ein Foto beschreiben – Positionsangaben machen – **Wortfelder:** Familie, Verwandtschaft	– Possessivbegleiter im Nominativ und Akkusativ	– Wörter in Begriffspaaren lernen – Redemittel in Situationen lernen
– sagen, was einem (nicht) gefällt – etwas beschreiben – über Kleidung sprechen – Richtungsangaben machen – **Wortfelder:** Kleidung, Orientierung	– Präpositionen mit Dativ – *welch-/dies-* im Nominativ	– Präpositionen mit Bildern verknüpfen – mit Lernplakaten arbeiten
	– **Phonetik**: – Rhythmus (Akzente) – Melodie (Sätze gliedern) – Aussprache (langes und kurzes **o**, langes und kurzes **e**, **e** oder **ö**, **i** oder **ü**) – Aussprache von **z, -tion** und **-ig**	– Lernfortschritte überprüfen und einordnen – eine Bilanz ziehen

καλή επιτυχία με την eurolingua!

ユーロリングワを
楽しんでね。

Viel Spaß mit
eurolingua!

Эта книга доставит
Вам удовольствие!

Molt d'exit omb
eurolingua!

Umarım bu kitabı keyifle okursun

خوش بگذره با یورولینگوا

Dobrej zabawy
z eurolingua!

¡Qué te diviertas
con eurolingua!

Have fun with eurolingua!

Bien du plaisir
avec eurolingua!

祝 您 使用 Eurolingua 成功
祝 您 成功

Хай щастить Вам з
цією книгою!

BUON DIVERTIMENTO
CON eurolingua!

Felicidades com "Eurolingua"

Einheit 1: *Der Kurs beginnt*

— sich begrüßen und kennen lernen, Namen erfragen und nennen
— fragen und sagen, woher man kommt und wo man wohnt
— mit einer Dialoggrafik arbeiten
— Aussprache: Wortakzent und lange/kurze Vokale
— Wortarten erkennen, Verben markieren
— bestimmter Artikel

1 Schreiben Sie Ihren Vornamen und Nachnamen auf eine Karte und stellen Sie sich vor.

1 Im Kurs

1.1 Schauen Sie das Bild an und hören Sie die CD. Wer spricht? Hören Sie die CD noch einmal und lesen Sie mit.

Lehrerin: Hallo … guten Tag …
Teilnehmer: Guten Tag … Hallo … Wie geht's, hallo … ?
Lehrerin: Mein Name ist Müller, Bärbel Müller. Ich bin die Lehrerin. Willkommen hier im Deutschkurs. Wir beginnen mit der Kursliste. Ich lese zuerst die Namen vor. Also, Zawadzka, Anna.
Frau Zawadzka: Zawadzka, Anna Zawadzka.
Lehrerin: Ah ja, Entschuldigung, Frau Zawadzka. Dann Miller, Tom.
Herr Miller: Tom Miller, yes, that's me. Hallo, ähm – Guten Tag, Frau Muller.
Lehrerin: Müller, Müller …
Herr Miller: OK, Müller …
Lehrerin: Gut, und dann Frau Bilgin?
Herr Bilgin: Ja, aber Herr Bilgin, ich heiße Nesim Bilgin.
Lehrerin: Oh ja, Herr Bilgin! Und dann Frau Mariotta, Eleonora Mariotta.
Frau Mariotta: Korrekt: Mariotta.
Lehrerin: Hallo …

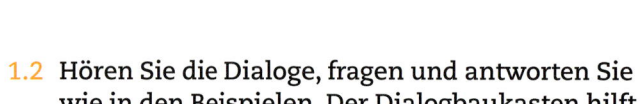

1.2 Hören Sie die Dialoge, fragen und antworten Sie wie in den Beispielen. Der Dialogbaukasten hilft.

Tom: „Hallo, ich bin Tom. Und Sie?"
Li: „Guten Tag, ich heiße Wei Zhong Li. Und wie heißen Sie?"
Eva: „Mein Name ist Eva Nyström."

sich begrüßen	sich vorstellen	Namen erfragen
Guten Morgen …	Ich heiße …	Wie heißen Sie?
Guten Tag …	Mein Name ist …	Und wie heißen Sie?
Guten Abend …	Ich bin …	Und Sie?
Hallo …		
Grüß Gott …		
Servus …		

2 Woher kommen Sie? Wo wohnen Sie?

🎧
2.1 Hören Sie und lesen Sie dann laut.

Lehrerin: Also, wer fehlt auf meiner Liste? …
Teilnehmer: Wie bitte? Langsam, noch einmal.
Lehrerin: Wer ist nicht auf der Liste?
Frau Böspflug: Ich. Ich heiße Ludmilla Böspflug.
Lehrerin: Ah ja – hallo.
Herr Miller: Entschuldigung, ich verstehe nicht –
Bospflug – wie heißen Sie?
Frau Böspflug: Ludmilla Böspflug.
Herr Miller: O.k. – ach so …
Lehrerin: Böspflug, ist das deutsch,
woher kommen Sie?
Frau Böspflug: Ich komme aus Russland,
aber mein Vater ist Deutscher.
Lehrerin: Aha. Und wo wohnen Sie?
Frau Böspflug: Ich wohne in Frankfurt.
Lehrerin: Gut, wer fehlt noch?
Frau und Herr Chaptal: Wir. Wir heißen Claudine
und Bernard Chaptal.
Lehrerin: Und woher kommen Sie?
Frau und Herr Chaptal: Aus Frankreich.

Ich komme aus Russland.

Und ich komme aus der Türkei.

C 2
2.2 Und in Ihrem Kurs? Welche Namen sind schwer?

Ich heiße Bunczkowski.

Ich heiße Wei Zhong Li.

Wie bitte?

2.3 Fragen und Antwort üben. Was gehört zusammen?

Wie … ? .... In Frankfurt

Woher … ? ➔ Böspflug

Wo … ? Aus Russland

2.4 Hier sind die Antworten. Wie heißen die Fragen?

1. A: .... ? **B:** Wir kommen aus Frankreich.

2. A: .... ? **B:** Zawadzka.

3. A: .... ? **B:** Ich wohne jetzt in Frankfurt.

4. A: .... ? **B:** Tom Miller.

5. A: .... ? **B:** Aus China.

2.5 Fragen Sie sich gegenseitig im Kurs: Wo … ? / Woher … ?

3 Verben markieren

A 15.4
C 10

3.1 Verben markiert man so:

der Infinitiv   (wohn | en)

der Stamm | die Endung

3.2 Sammeln Sie Verben.
Machen Sie eine Liste im Heft und markieren Sie wie im Beispiel.

3.3 Verben und Personen: Ergänzen Sie die Endungen.

Infinitiv: *wohnen*		Infinitiv: *heißen*		⚠ Infinitiv: *sein*	
Singular 1. Person	Plural 1. Person	Singular 1. Person	Plural 1. Person	Singular 1. Person	Plural 1. Person
ich wohne	*wir wohnen*	*ich heiß.........*	*wir heiß.........*	*ich bin*	*wir sind*
	formell: *Wo wohnen Sie?*		formell: *Wie heiß....... Sie?*		formell: *Sind Sie Frau …?*

3.4 Ergänzen Sie bitte die Verben.

1. A: Frau Nyström, woher kommen Sie? **B:** Ich .... aus Schweden, aus Malmö.

2. A: Wie .... Sie? **B:** Ich .... Bilgin, Nesim Bilgin.

3. A: Und wo .... Sie? **B:** In Frankfurt.

4. A: Und wie heißen Sie? **B:** Wir .... Claudine und Bernard Chaptal.

5. A: Mein Name .... Eleonora Mariotta. Ich .... jetzt in Offenbach.

6. A: Ich komme aus New York und Sie, Frau Mariotta? **B:** Ich .... aus Varese.

4 Dialoge üben

A 23.5

4.1 Mit einer Dialoggrafik arbeiten.
Schreiben Sie bitte einen Dialog. Der Dialogbaukasten hilft.

A: Frau Zawadzka / woher?

B: Warschau / Polen

A: Jetzt / wohnen / wo?

B: Mannheim

fragen, woher jemand kommt	sagen, woher man kommt
Woher kommen Sie? *sind*	*Ich komme aus Polen. bin* *Wir kommen aus Warschau. sind*
fragen, wo jemand wohnt	sagen, wo man wohnt
Wo wohnen Sie?	*Ich wohne in Mannheim.* *Wir wohnen in Mannheim.*

4.2 Spielen Sie jetzt Dialoge mit Namen aus dem Kurs.

5 Aussprache: Wortakzent und Vokale

5.1 Hören Sie die Wörter und sprechen Sie nach.

Na -me > fra -gen > hö -ren > le -sen > hei -ßen
Ent- schul -di-gung > be- gin -nen > will- kom -men

Deutsche Wörter haben einen Wortakzent,
eine Silbe ist stark betont.

Bitte langsam!

5.2 Hören und sprechen Sie die Wörter nach.
Markieren Sie den Wortakzent wie in 5.1.

woh-nen > Va-ter > kom-men > ver-ste-hen > ant-wor-ten
Deutsch-kurs > Dia-log > Leh-re-rin > lang-sam

5.3 Hören Sie und sprechen Sie nach.

Lange Vokale: Name > aber > lesen > Lehrerin > Sie > wir > Dialog > guten Tag > heißen > hören
Kurze Vokale: antworten > langsam > zuerst > ich > bin > kommen > noch > und > Kurs

Der Vokal vom Wortakzent ist entweder lang oder kurz.

5.4 Hören Sie die Wörter, sprechen Sie nach und markieren Sie den Vokal
vom Wortakzent mit Punkt • (kurzer Vokal) oder Strich — (langer Vokal).

fragen > bitte
wo > wie > jetzt > Entschuldigung > verstehen > nicht > Deutschkurs
gut > willkommen > wohnen > Abend > wiederholen > beginnen

Lerntipp: Wörter immer mit Wortakzent lernen!

6 Ein Wort, viele Sprachen. Wörter ordnen.

6.1 Markieren Sie internationale Wörter.

Wir informieren Sie über das attraktive Programm!

Wie manipulieren die Massenmedien?

Die Kalkulation der EU-Finanzminister

Arbeitsmarkt-Reform umstritten

Produktion von Mikrochips stagniert

El Diccionario
Wörterbuch
Deutsch - Spanisch
Spanisch - Deutsch

Cornelsen

RICHTIG!

6.2 Wie heißen die Wörter in Ihrer Muttersprache?
Machen Sie eine Liste wie im Beispiel.

informieren – to inform
Reform – reform
Produktion – production
attraktiv – ...

informieren – informare
Reform – riforma
Produktion – produzione
attraktiv – attraente

6.3 Ordnen Sie die Wörter nach Wortarten und
ergänzen Sie die Tabelle. Das Wörterbuch hilft.

Nomen	Verben	Adjektive
Information	informieren	informativ
Attraktion	X	attraktiv
Produktion	produzieren	...
...	...	...

6.4 Regeln ergänzen.

Auf Deutsch schreibt man Verben klein .   Internationale Verben auf Deutsch enden oft auf -ieren .

Alle Nomen schreibt man ....   Internationale Nomen auf Deutsch enden oft auf ....

Adjektive schreibt man ....   Internationale Adjektive enden oft auf ....

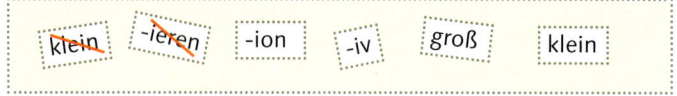

klein   -ieren   -ion   -iv   groß   klein

6.5 Diese Wörter sind neu. Welche Wörter sind falsch eingeordnet?

Nomen	Verben	Adjektive
Radio	Kommunikation	exklusiv
agieren	passieren	passiv
Stuhl	nehmen	musizieren
Auto	explosiv	kommunikativ
Foto	fahren	Sensation
dekorativ	fotografieren	positiv

> agieren ist ein Verb.

7   Der bestimmte Artikel der, das, die

A 29   **7.1** Im Wörterbuch finden Sie die Artikel zum Beispiel so:

> **Auto** das; -s, -s ‹griech.›
> (kurz für Automobil); Auto fahren;

> **Stuhl** der; -[e]s, Stühle; der Heilige;
> Stuhlbein; Stühlchen; Stuhlgang;

> **CD** die; -, -s ‹engl. compact disc›
> (kurz für CD-Platte);

Lerntipp: Nomen immer mit Artikel lernen

7.2 Suchen Sie fünf Nomen aus der Tabelle 6.5 im Wörterbuch.
Notieren Sie die Nomen mit Artikel.

7.3 Was passt zusammen? Ordnen Sie die Nomen den Bildern zu.
Fünf Bilder fehlen. Zeichnen Sie selbst und schreiben Sie die Nomen ins Heft.
Welche Wörter kennen Sie noch?

Kurs Dialog Radio Frage CD Verb Heft Auto Name Zeitung

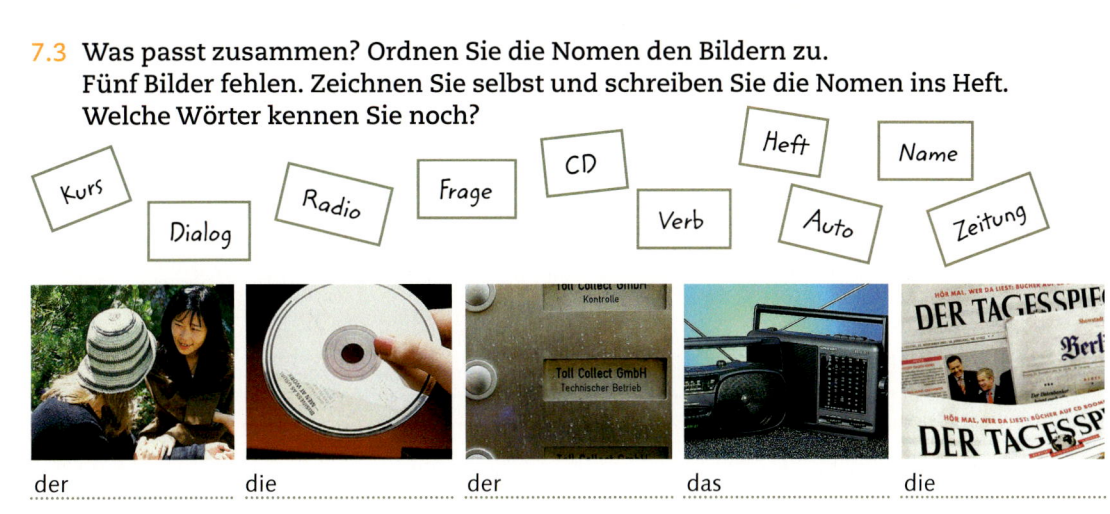

der .... die .... der .... das .... die ....

---

8   Kommunikation im Unterricht

8.1 Arbeitsanweisungen in *eurolingua Deutsch*: Welche Verben passen zu den Bildern?

lesen ....

....

8.2 Probleme im Unterricht? Hören Sie die CD. Wer sagt was?
Markieren Sie mit L (Lehrerin) oder K (Kursteilnehmer/-in).
Hören Sie dann noch einmal und sprechen Sie nach.

1. ....   **3.** ....   **5.** ....   **7.** ....

2. ....   **4.** ....   **6.** ....   **8.** ....

So geht's

Kommunikation

sich begrüßen	nach Namen, Herkunft und Wohnort fragen und antworten	
Hallo!	Wie heißen Sie?	Ich heiße … / Mein Name ist …
Guten Morgen.	Woher kommen Sie?	Ich komme / bin aus …
Guten Tag.		Wir kommen / sind aus …
Guten Abend.	Wo wohnen Sie?	Ich wohne in … / Wir wohnen in …

Grammatik

der bestimmte Artikel

der Kurs
das Auto
die Frage

das Verb

Infinitiv	1. Person Singular	1. Person Plural
kommen	ich komme	wir kommen
wohnen	ich wohne	wir wohnen

Lernen lernen

A 6 / A 14

mit Lernkarten arbeiten >

Vokabeln zu Hause lernen >

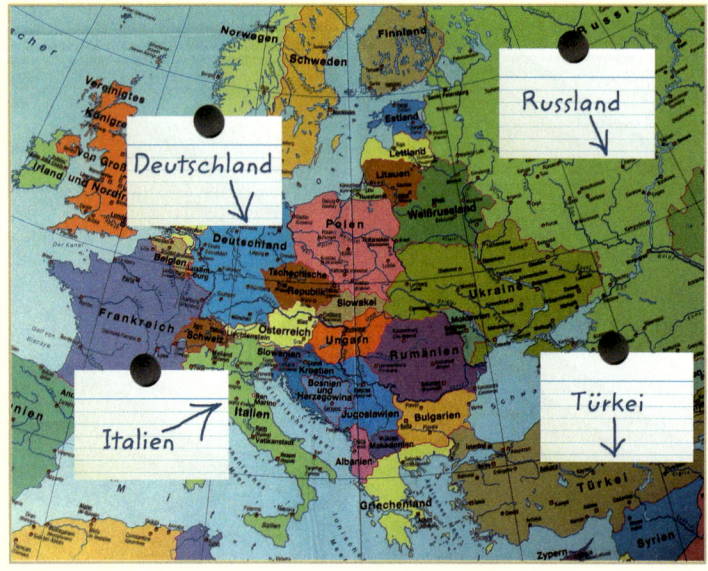

Sprache benutzen >

Einheit 2: *Erste Kontakte*

- buchstabieren
- eine Telefonnummer erfragen
- W-Fragen: wie, wo, woher, ... und Ja/Nein-Fragen
- Verbposition: Aussagesatz, Frage mit Fragewort, Ja/Nein-Fragen
- Verneinung mit *nicht*
- Zahlen bis 1000

Herr Anirvan Dalal

Entschuldigung, ist das der Flug aus Bombay?

Wie geht's?

Danke, ganz gut.

1 **Hören Sie die Dialoge.**
Was sagen/antworten die Personen?

1. Kommen Sie aus Bombay? ☐ Ja. ☐ Nein.

2. Woher kommen Sie? Aus ....

3. Sind Sie Herr Dalal? ☐ Ja. ☐ Nein.

4. Wie geht's? Danke, ...

2 Begrüßen Sie sich in der Klasse. Gehen Sie durch den Raum und fragen Sie, wie es den anderen geht.

Frage

Wie geht's?

Antworten

Danke, sehr gut. (++)

Danke, gut. (+)

Ganz gut. (+−)

Es geht. (−)

1 Das Alphabet und die Buchstaben

1.1 Hören Sie und sprechen Sie nach. Was fällt Ihnen auf? Schreiben Sie, was Sie hören.

schreiben	A, a	(Ä), (ä)	B, b	C, c	D, d	E, e	F, f	G, g	H, h	I, i	J, j	K, k	L, l	M, m	N, n
buchstabieren		A- Umlaut													

schreiben	O, o	(Ö), (ö)	P, p	Q, q	R, r	S, s	(ß)	T, t	U, u	(Ü), (ü)	V, v	W, w	X, x	Y, y	Z, z
buchstabieren		O- Umlaut								U- Umlaut					

1.2 Hören Sie und schreiben Sie die Namen und Wörter.

1. .... 2. .... 3. .... 4. ....

5. .... 6. .... 7. .... 8. ....

1.3 Buchstabieren Sie Ihren Vor- und Nachnamen.
Ihre Partnerin / Ihr Partner schreibt Ihren Namen ins Heft.
Wechseln Sie. Korrigieren Sie dann zusammen.

2 Zahlen

2.1 Einige Zahlen kennen Sie schon. Sie stehen unten auf jeder Seite.
Schreiben Sie bitte die Wörter zu den Zahlen. Das Buch kann helfen.

~~zehn~~ | zweiundzwanzig | neunzehn | ~~eins~~ | sechzehn | siebzehn | vier | dreizehn
fünf | einundzwanzig | sieben | neun | elf | zwölf | vierzehn | sechs | fünfzehn
achtzehn | zwei | drei | acht | zwanzig

1 eins   6 ....   11 ....   16 ....   21 ....

2 ....   7 ....   12 ....   17 ....   22 ....

3 ....   8 ....   13 ....   18 ....

4 ....   9 ....   14 ....   19 ....   ⚠ elf, zwölf,

5 ....   10 zehn   15 ....   20 ....   sechzehn, siebzehn

2.2 Hören Sie die Zahlen von 1 bis 22 und kontrollieren Sie.

2.3 Hören Sie und notieren Sie die Zahlen. Schreiben Sie dann die Zahlen als Wörter.

a. `22` ___zwei___ und ___zwanzig___

b. `20` ___zwanzig___

c. ☐ _____ und _____

d. ☐ _____ und _____

e. ☐ _____ und _____

f. ☐ _____ und _____

g. ☐ _____ und _____

h. ☐ _____ und _____

i. ☐ _____ und _____

j. ☐ _____ und _____

2 7

sieben und zwanzig

Info: Die Zahlen von null bis zwölf schreibt man in Texten meistens als Wort. Ab 13 schreibt man Ziffern.

2.4 Zählen Sie weiter.

a. 1, 2, 3, 4, … b. 2, 4, 6, 8, … c. 25, 24, 23, … d. 3, 6, 9, …

2.5 Rätsel: Wie geht die Zahlenreihe weiter? Schreiben Sie ins Heft und lesen Sie dann laut vor.

29 > 27 > 25 > 23 …   28 > 24 > 20 > 16 …   29 > 28 > 26 > 23 …

2.6 Zahlen bis 1000. Hören Sie und schreiben Sie die Zahlen.

30 dreißig	78 _____	316 _____
31 _____	80 _____	417 _____
32 _____	90 _____	521 _____
40 vierzig	99 _____	600 _____
43 _____	100 (ein)hundert	708 _____
50 _____	101 (ein)hunderteins	853 _____
60 sechzig	200 _____	999 _____
70 siebzig	213 _____	1000 (ein)tausend

3   Am Telefon

B 11.1

3.1 Sie hören sechs Telefonnummern. Hören Sie zweimal und schreiben Sie mit. (0 = null.)

a. .... c. .... e. .... / ....

b. .... d. .... f. .... / ....

Info: *Die wichtigsten Notrufnummern:*

	Polizei	Feuerwehr	Sanitäter
Deutschland	110	112	(19222)
Österreich	133	122	144
Schweiz	117	118	144

In vielen europäischen Ländern funktioniert auch der Euronotruf (112).

Alle Städte in Deutschland, Österreich und der Schweiz haben eine eigene Nummer, die Vorwahl. Frankfurt am Main hat z.B. die Vorwahl 069.

3.2 Frau Müller ruft die Sekretärin an.
Schreiben Sie die Telefonnummern auf.

	Name	Vorwahl	Telefonnummer
1.	Tom Miller	....	....
2.	Claudine/Bernard Chaptal	....	....
3.	Eleonora Mariotta	....	....
4.	Anirvan Dalal	....	....

3.3 Sehen Sie die Dialoggrafik an. Hören Sie dann das Telefongespräch.
Schreiben und spielen Sie eigene Dialoge mit der Dialoggrafik.

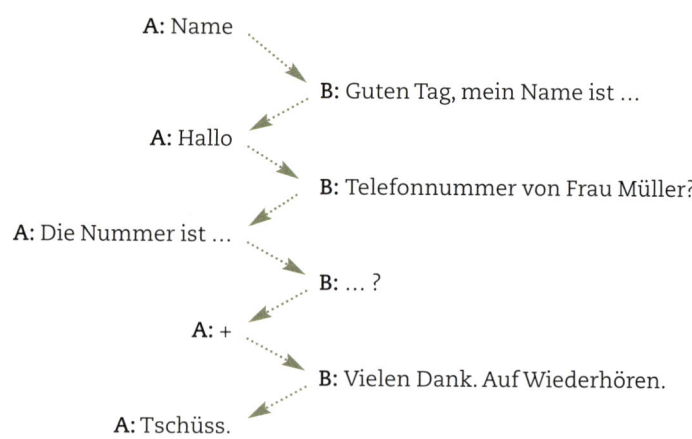

A: Name

> B: Guten Tag, mein Name ist ...

A: Hallo

> B: Telefonnummer von Frau Müller?

A: Die Nummer ist ...

> B: ... ?

A: +

> B: Vielen Dank. Auf Wiederhören.

A: Tschüss.

Info: *Telefonkonvention*

1. Sie nehmen den Hörer ab und sagen Ihren Nachnamen. (Manche Leute sagen nur „Ja" oder „Hallo".)
2. Die andere Person begrüßt Sie, sagt ihren Namen und beginnt das Gespräch.
3. Am Ende sagt man „Auf Wiederhören.", manchmal auch „Tschüss".

3.4 Kann ich bitte Graffmann sprechen? Hören und lesen Sie den Dialog.

A: Grossmann.
B: Entschuldigung, wer ist da? Goffmann?
A: Nein, tut mir Leid, hier ist nicht Goffmann.
Mein Name ist Grossmann, mit Grrr.
B: Sie sind also nicht Herr Graffmann?
Haben Sie nicht 25 27 84?
A: Nein, habe ich nicht. Ich habe 38 27 82.
Auf Wiederhören! Rufen Sie Graffmann an.
B: Ach, Sie kennen Graffmann?
Haben Sie auch seine Telefonnummer?

3.5 Sprechen Sie den Dialog 3.4 zu zweit. Sprechen Sie den Dialog danach

freundlich,   **neutral**   **oder unfreundlich.**

3.6 Variieren Sie den Dialog 3.4. Der Redemittelkasten hilft.

B 11.2
B 11.3

sich am Telefon melden	nach Namen / Personen fragen	sagen, wer man (nicht) ist
Grossmann.	Ist … da?	Hier ist (nicht) …
Kaiser, Goethe-Institut.	Kann ich bitte … sprechen?	Tut mir Leid, ich bin (nicht) …
Bärbel Müller.		Mein Name ist (nicht) …
	Entschuldigung, wer ist da / dort?	
	Sind Sie nicht Herr … / Frau …?	

sich entschuldigen
Entschuldigung, ich habe mich verwählt.
Tut mir Leid.

4   Aussagesätze und Fragen

4.1 Ergänzen Sie die Sätze.

hören > heißen > wohnen > kommen > kennen > sprechen > markieren

1. Ich *heiße* .... Müller.

2. Ich .... aus Frankfurt.

3. Ich .... in Berlin.

4. Wie .... Sie?

5. .... Sie aus Österreich?

6. Ich .... Deutsch.

7. .... Sie Englisch?

8. Wo .... Sie? In Berlin?

9. .... Sie Müller?

10. Wir .... Englisch.

11. .... Sie die CD?

12. .... Sie Frau Kaiser?

13. Wir .... die Verben.

14. Woher .... Sie?

4.2 Satztypen erkennen. Ordnen Sie die Sätze aus 4.1 den Satztypen im Kasten zu. Notieren Sie dann je ein Beispiel und markieren Sie das Verb.

Beispielsatz	Satztyp	Satz Nr.
Wir (wohnen) in Frankfurt.	*Aussagesatz*	
Wie (heißen) Sie?	*W-Frage*	4.
(Sind) Sie Herr Schmidt?	*Ja / Nein-Frage*	

4.3 Ergänzen Sie die Regeln:

Im Aussagesatz steht das Verb immer auf Position ....

In der W-Frage steht das Verb immer auf Position ....

In der Ja / Nein-Frage steht das Verb immer auf Position ....

4.4 Schreiben Sie drei eigene W-Fragen. Fragen Sie Ihren Nachbarn / Ihre Nachbarin und notieren Sie die Antworten.

4.5 Schreiben Sie fünf Ja / Nein-Fragen. Fragen und antworten Sie im Kurs.

Kommen ....? Lesen ....? Lernen .... ? Sprechen .... ?

Wohnen ....? Sind ....? Heißen .... ? .... ?

4.6 Lesen Sie die Antworten. Wie heißen die Fragen?

1. In Hamburg.

2. Ja, im Deutschkurs.

3. Bärbel Müller.

4. Nein, aber Spanisch.

5. Nein, Herr Bilgin.

6. Aus der Türkei.

7. Die Nummer ist 22 34 56.

8. Nein, aus Berlin.

9. Ja, …

5 Verneinung mit *nicht*

5.1 Der Ja-Sager und der Nein-Sager. Hören Sie zu und lesen Sie mit.

Der Ja-Sager
Ja, ich heiße Meier, ich komme aus Deutschland, ich bin 33,
ich spreche Deutsch und Französisch, ich bin verheiratet,
ich arbeite gern und lerne auch gern.

Der Nein-Sager
Nein, ich heiße *nicht* Meier,
und ich komme .... aus Deutschland.

Ich bin .... 33.

Ich spreche .... Französisch
und auch .... Englisch.

Ich bin .... verheiratet
und ich arbeite .... gern.

C 104

5.2 Vergleichen Sie: Wie funktioniert die Verneinung in Ihrer Sprache?

Ich komme nicht aus Deutschland

I don't come from Germany.

Je ne viens pas d'Allemagne.

Eu não sou da Alemanha.

5.3 Schreiben Sie die Sätze.

1. nicht — heiße — Meier — Ich — .

2. Sie — Berlin — kommen — nicht — aus — .

3. nicht — in — Wien — wohnen — Wir — .

4. Frau — Dänemark — Buarque — fährt — nicht — nach — .

5. spreche — nicht — Ich — Englisch — .

6. Svetlana — nicht — heißt — Miller — .

7. bei Siemens — Ich — arbeite — nicht — .

5.4 Spielen Sie Nein-Sager.

Ich heiße nicht Miller und ich bin nicht aus Amerika. Ich spreche nicht ...

So geht's

Kommunikation

am Telefon

A: Claudine Chaptal.	**A:** Claudine Chaptal.
B: Hier ist Bilgin. Ist Herr Chaptal da?	**B:** Hier ist Bilgin. Kann ich bitte Bernard Chaptal sprechen?
A: Ja, … .	**A:** Nein, tut mir Leid.

jemanden begrüßen

A: Guten Morgen, Herr Schmidt.	**A:** Hallo, Tony. Wie geht's?
B: Guten Morgen, wie geht's?	**B:** Naja, es geht.
A: Danke, gut.	

Grammatik

Satztypen

Position 1	Position 2		
Wo	wohnen	Sie?	(W-Frage)
Ich	wohne	in München.	(Aussagesatz)
Kommen	Sie	aus Frankreich?	(Ja/Nein-Frage)

Verneinung mit **nicht**

Wir	kommen	nicht	aus der Türkei.
Sie	heißen	nicht	Claudine und Bernard Chaptal.
Ich	arbeite	nicht	bei Siemens.

Wer bin ich?

Ich lerne gerne.

Ich komme nicht aus Moskau.

Hey, das ist Ludmilla!

Ich wohne in Frankfurt.

Ich habe die Telefonnummer 22 33 56 74.

Lernen lernen

A 20-22

Lerntipp
*Ein Telefonat vorbereiten:
Telefonate auf Deutsch mit
einem Stichwortzettel planen.*

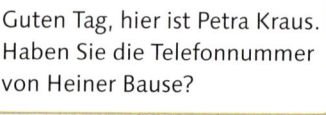

Guten Tag / hier ist
Tel. Bause
(Wie bitte, noch einmal)
Telefonnummer:

Guten Tag, hier ist Petra Kraus.
Haben Sie die Telefonnummer
von Heiner Bause?

Einheit 3: *Im Café*

— etwas bestellen

— sagen, was man (nicht) mag

— ein(e)/kein(e)

— Personalpronomen im Nominativ

— Verben im Präsens

— die Verben *haben* und *sein*

1 Lesen Sie die Getränkekarte und klären Sie
zu zweit unbekannte Wörter mit dem Wörterbuch.

2 Sehen Sie das Foto an.
Welche Getränke sehen Sie? Kreuzen Sie an.

3 Fragen Sie und antworten Sie.
Benutzen Sie die Getränkekarte.

Café am Markt

Kaffee	1,60
Espresso	1,60
Tee	1,30
Kakao	1,60
Mineralwasser	1,30
Apfelsaft	1,80
Orangensaft	1,80
Cola	1,50
Bier	2,10
Wein	2,80

fragen, was jemand (nicht) mag	sagen, was man (nicht) mag
Was mögen Sie?	Mein Lieblingsgetränk ist … (++)
Was mögen Sie nicht?	Ich mag (gern) … (+)
Mögen Sie … ?	Ich trinke gern … (+)
	Ich trinke nicht so gern … (-)

1 Im „Café am Markt"

1.1 **Hören Sie die Dialoge und sehen Sie die Bilder an. Welcher Dialog passt zu welchem Bild?**

Dialog A

Kellnerin: Guten Tag. Was möchten Sie trinken?
Frau: Wir nehmen Kaffee, Mineralwasser und Apfelsaft, bitte.
Kellnerin: Kaffee, Wasser und Apfelsaft. Gern. Möchten Sie auch etwas essen?
Frau: Nein, danke.

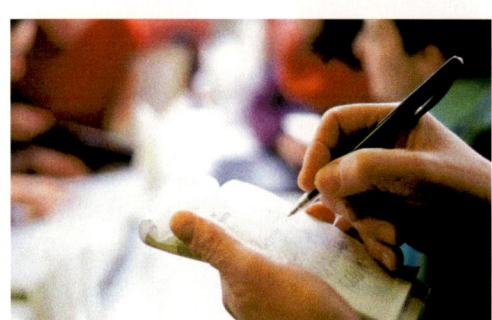

Dialog B

Frau: Zahlen, bitte.
Kellner: Kaffee und Orangensaft. Das macht drei Euro vierzig.
Frau: Hier sind fünf Euro.
Kellner: Und ein Euro sechzig zurück.
Frau: Danke. Und das ist für Sie.
Kellner: Danke sehr. Auf Wiedersehen.

Dialog C

Frau: Was nimmst du?
Mann: Ich weiß nicht.
Frau: Ich nehme Cola. Nimmst du auch Cola?
Mann: Nein, ich nehme Orangensaft. Bestellst du?

1.2 Dialogpuzzle: Ordnen Sie die Dialoge. Schreiben und spielen Sie die Dialoge.

a. Nein. Ich nehme Tee. Kaffee. Du auch? Was nimmst du?

b. Ja, Pizza, bitte. Guten Tag. Was möchten Sie trinken?
Espresso, gern. Möchten Sie auch etwas essen? Guten Tag. Ich möchte Espresso, bitte.

c. Hier sind drei Euro. Zahlen, bitte. Und zehn Cent zurück.
Danke sehr. Auf Wiedersehen. Kakao und Mineralwasser. Das macht zwei Euro neunzig.
Danke. Und das ist für Sie.

1.3 Spielen Sie weitere Dialoge im Café.

2.1   Schreiben Sie die Wörter mit Artikel und Wortakzent. Das Wörterbuch hilft.

das Mineralwasser   der _____   _____   _____

_____   _____   _____   _____

_____   _____   _____   _____

2.2   Schreiben Sie die Wörter aus der Wörterschlange in eine Tabelle.
Ergänzen sie Artikel und Infinitive.

SALATNIMMSTZURÜCKCAFÉAUCHBITTEPIZZATRINKEMAGAPFELSAFTEUROCOLA
KAKAONEHMENEUNZIGORANGENSAFTNEINSANDWICHKAFFEEVIERZIGEINSESSESPEISE
MINERALWASSERBIERWASDANKEKELLNERINJADREIGETRÄNKESPRESSOZAHLEKELLNER
SIEBENWEINSECHZIG

Nomen	Verben	andere Wörter
– r Salat,	du nimmst (nehmen),	zurück
– s ...	...	...

3   Ein/eine und kein/keine

3.1 Betrachten Sie die Fotos und lesen Sie die Sätze.

Es ist ein Buch, ein Roman.

Der Roman ist gut.

Herzlichen Glückwunsch!

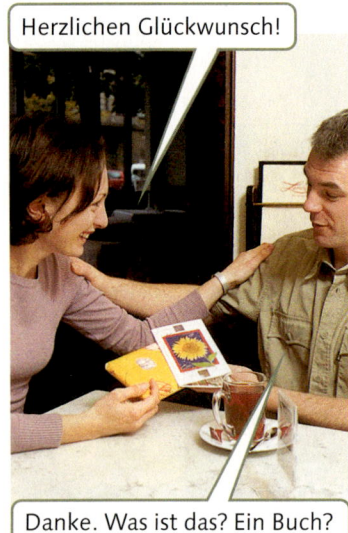

Danke. Was ist das? Ein Buch?

Das ist eine Kellnerin.

Die Kellnerin heißt Erika Möller.

bestimmter Artikel (Nominativ)	unbestimmter Artikel (Nominativ)
der Roman	ein Roman
das Buch	ein Buch
die Kellnerin	eine Kellnerin

3.2 Das Artikel-Spiel: Werfen Sie sich einen Ball zu und sagen Sie ein Nomen mit dem bestimmten Artikel. Wer fängt, sagt das gleiche Nomen mit dem unbestimmten Artikel. Wer einen falschen Artikel sagt, scheidet aus.

das Café   ein Café   die Pizza   eine Pizza

3.3 Ergänzen Sie die Sätze 1–8. Welche Sätze a–h passen? Ergänzen Sie a–h.

1. Das ist _____ein_____ Anfängerkurs. [g]

a. _____ liegt in Österreich.

2. Das ist _____ Roman. [ ]

b. _____ hat zehn Buchstaben.

3. Das ist _____ Telefonnummer. [ ]

c. _____ heißt „lesen".

4. Das ist _____ Wort. [ ]

d. _____ heißt Frau Kaiser.

5. Das ist _____ Stadt. [ ]

e. _____ ist ein Wörterbuch.

6. Das ist _____ Verb. [ ]

f. _____ ist 38 27 82.

7. Das ist _____ Buch. [ ]

g. _Der Anfängerkurs_ hat 15 Teilnehmer.

8. Das ist _____ Sekretärin. [ ]

h. _____ heißt „Der Vorleser".

3.4 **Ein / eine – kein / keine – Lesen Sie die Sätze
und ergänzen Sie die Regel.**

Ist das ein Kaffee?
Nein, das ist kein Kaffee!

Ist das ein Wasser?
Nein, das ist kein Wasser!

Ist das ein Saft? Nein, das ist
kein Saft, das ist eine Cola!

„Kein" funktioniert wie ....

3.5 **Schreiben Sie die Sätze 1–8 aus Übung 3.3 ins Heft.
Ersetzen Sie ein / eine durch kein / keine.**

3.6 **Nicht und kein / keine – Schreiben Sie selbst die Tabelle.**

fragen	bestätigen	verneinen
Ist das …	Ja, das ist …	Nein, das ist …
… Frau Nyström?	Frau Nyström.	nicht Frau Nyström.
… der Flug aus Bombay?	....	.... Flug aus Bombay.
… ein Buch?	....	.... Buch.

4   Du, ihr & Sie

4.1 *Du, ihr & Sie.* **Hören Sie den Dialog und lesen Sie mit.**
Ergänzen Sie die Tabelle mit den Verben aus dem Dialog.

Susi: O Mann, das Café ist aber voll heute.
Julian: Ja. Aber da sind noch zwei Plätze.
Susi: Entschuldigung, ist hier noch frei?
Norma: Na klar. Bitte.
Susi: Danke.
Norma: Ich bin Norma. Wie heißt ihr?
Äh, Entschuldigung. Wie heißen Sie?
Susi: „Du" ist o.k. Ich heiße Susi und das ist Julian.
Was machst du in Berlin, Norma?
Norma: Ich arbeite bei der Botschaft.
Was macht ihr?
Susi: Ich bin Sekretärin und Julian ist Student.
Julian ist mein Bruder.
Julian: Ich studiere Elektrotechnik.

Infinitiv: heißen		
Singular	2. Person: *Wie heißt du?*	
Plural	2. Person: *Wie* .... *ihr?*	formelle Anrede: *Wie* ....*Sie?*

4.2 Ergänzen Sie *du, ihr* **oder** *Sie* **und die Verben.**

1. A: Woher kommst ....? **B:** Aus Angola. Und woher .... du?

2. A: Was mögen ....? **B:** Ich mag Apfelsaft. Und was .... Sie?

3. A: Wo wohnt ....? **B:** Wir wohnen in Frankfurt. Und wo................. du?

4. A: Kommen .... aus China? **B:** Ja. Aus Peking. Und woher .... Sie?

5. A: Was machst .... heute? **B:** Ich gehe in die Disco. Was .... ihr?

6. A: Kommt ....heute auch ins Café? **B:** Ja. Wir kommen. Um wie viel Uhr................ihr?

B 2.6

4.3 Wann benutzt man *du* **und wann** *Sie?* **Kreuzen Sie an.**

Personen/Situation >	Familie	Kollegen	im Kurs	Kinder	Fremde	auf der Straße	Freunde
Sie							
du							

Info: *Die Anrede: Siezen und Duzen*
Die meisten Deutschen, Österreicher und Schweizer, die sich nicht kennen, sprechen sich mit der formellen
Anrede, dem „Sie" an. Unter jüngeren Menschen benutzt man häufig auch das „Du". Kinder, Familien
und Freunde untereinander sind per du. Im Zweifelsfalle wartet man, welche Anrede der Gesprächspartner
wählt oder man siezt. Ältere Gesprächspartner erwarten das „Sie" und können Jüngeren das „Du" anbieten.

5 Norma und Julian

5.1 Lesen Sie die E-Mail. Welche Verben passen? Ergänzen Sie.

machen > wohnen > arbeiten > kommen > sein > trinken > gehen

Betreff: Kino mit Julian?

Hallo Norma,
wie geht's? Was .... du morgen Abend? .... du in der Botschaft oder hast du Zeit?
Ich .... ins Kino. Da kommt ein Film von Wolfgang Petersen. .... du mit?
Ruf doch mal an! Meine Handy-Nummer.................... 0179 / 5 43 49 96.
Liebe Grüße
Julian

5.2 Hören Sie. Ergänzen und spielen Sie das Telefonat. Die E-Mail hilft.

Julian: Julian Meister.
Norma: Hallo Julian, hier ist Norma.
.... geht's?
Julian: Hallo Norma. Danke, ...
Was machst du .... Abend?
Norma: Noch nichts.

Julian: Ich gehe ins .... Da kommt ein
.... von Wolfgang Petersen. Hast du Zeit?
Norma: Ja. Ich habe ....
Julian: Gehen wir zusammen ins .... ?
Norma: Ja, gerne.
Julian: Ich komme um neun zu dir, okay?
Norma: Ja, ... Bis ....

5.3 Lesen Sie den Text und markieren sie alle Stellen, die Sie verstehen.

Wolfgang Petersen

Wolfgang Petersen kommt aus Deutschland, aus Emden. Er ist Filmregisseur. Petersen wohnt jetzt in Los Angeles und arbeitet in Hollywood. Seine Filme sind sehr bekannt.
Ein Film von Wolfgang Petersen ist „Das Boot".

„Das Boot" ist ein Kriegsdrama. Der Film zeigt authentisch die Erlebnisse einer deutschen U-Boot-Besatzung im 2. Weltkrieg. Der Film war 1982 für sechs „Oscars" nominiert.

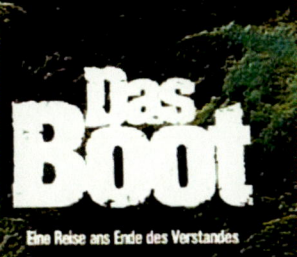

Andere Beispiele für Petersens Filme: „Geliebter Feind" („Enemy Mine", Science Fiction), „In the Line of Fire" (Thriller), „Der Sturm" (Katastrophenfilm). Wolfgang Petersen arbeitet mit vielen Stars. 2004 macht Petersen den Film „Troja" („Troy") mit Brad Pitt, Eric Bana und Orlando Bloom. Der Film ist inspiriert von Homers „Ilias".

5.4 Ergänzen Sie die folgenden Sätze durch Informationen aus dem Text.

1. Wolfgang Petersen wohnt in .... **2.** Er ist ....

3. „Das Boot" ist .... **4.** .... ist ein Science-Fiction-Film.

6 Verben im Präsens

6.1 Hören und lesen Sie den Dialog.

Norma und Julian gehen ins „Café am Markt". Da treffen sie Saskia und Robert.
Saskia und Robert sind Freunde von Julian.

Robert: Hallo Julian! Hallo! Bist du Norma?
Ich bin Robert und das ist Saskia, meine Freundin.
Norma: Ja, ich bin Norma. Hallo! Seid ihr auch aus Berlin?
Saskia: Nein, wir sind nicht aus Berlin. Ich bin aus
Frankfurt und Robert ist aus Stuttgart.
Norma: Wo arbeitet ihr?
Robert: Wir arbeiten am Flughafen. Und wo arbeitest du?
Norma: Ich arbeite bei der Botschaft von Angola.
Saskia: Du sprichst gut Deutsch. Welche Sprachen
sprichst du noch?
Norma: Danke. Ich spreche Portugiesisch, Französisch,
Englisch und Deutsch.
Saskia: Toll! Wir sprechen Deutsch und Englisch.
Robert spricht noch ein bisschen Spanisch.
Kellnerin: Guten Abend! Was möchten Sie trinken?
Robert: Ich trinke Kaffee. Nimmst du auch Kaffee, Saskia?
Saskia: Nein. Ich trinke Tee. Und was nehmt ihr?
Julian: Was trinkst du, Norma?
Norma: Ich nehme Kaffee.
Kellnerin: Und was nehmen Sie?
Julian: Orangensaft, bitte.
…
Robert: Was macht ihr heute Abend?
Norma: Wir gehen ins Kino. Da kommt ein Film von
Wolfgang Petersen. Habt ihr Zeit?
Saskia: Ja, klar, wir haben Zeit.
Norma: Prima.

C 14 **6.2 Unterstreichen Sie die Verben in 6.1 und ergänzen Sie die Tabellen.**
Die Verbformen aus 6.1 und S.31 helfen.

Person ↓	wohnen	trinken	arbeiten	sprechen	nehmen
ich				spreche	
du	wohn st				nimmst
er, es, sie	wohn t	trinkt			nimmt
wir		trinken			
ihr	wohn t	trinkt		sprecht	
sie, Sie	wohn en		arbeiten		

Infinitiv →	haben	sein
ich		
du		bist
er, es, sie	hat	
wir		
ihr		
sie, Sie	haben	

6.3 Markieren Sie die Endungen in 6.2 und ergänzen Sie dann die Sätze.

1. „Wir....................... aus Frankreich."

2. Norma .... vier Sprachen.

3. „Ich .... nicht so gern Kakao."

4. „ .... Sie Anirvan Dalal?"

5. „ .... du Regisseur?"

6. Frau Böspflug und Herr Miller .... in Frankfurt.

7. „....................... ihr morgen Zeit?"

8. Wolfgang Petersen .... in Hollywood.

6.4 Drei SMS. Lesen Sie die Texte. Welche Wörter fehlen?
Schreiben Sie die kompletten Texte ins Heft.

arbeiten > sein > heißen > gehen > kommen > haben

17:35 Hallo Julian,
ich heute bis 18 Uhr.
Ich wieder ins Kino.
Da eine neue Komödie.
du Zeit? Norma

17:41 Hallo Norma,
ich bis 18.30 Uhr. Ich
dann ins Café. O.k.?
Wie die Komödie?
Wer der Regisseur?
Julian

17:45 Hallo Saskia,
Julian und ich um
19.30 Uhr ins Kino.
Robert Zeit?
ihr auch? Norma

B 10

6.5 Sammeln Sie Fragen aus 6.1. Machen Sie dann ein Partnerinterview
und stellen Sie Ihren Partner im Kurs vor. Geben Sie eine falsche Information.
Die anderen Kursteilnehmer raten, welche Information falsch ist.

Ort	Herkunft	Sprachen	Arbeit
Wo...?	Woher...?	Sprechen Sie...?	Was...?
		Sprichst du...?	Wo...?

So geht's

Kommunikation

fragen	auswählen/bestellen
Was möchtest du? Was möchten Sie?	Ich möchte … / Wir möchten … Ich nehme … / Wir nehmen Ich hätte gern … / Wir hätten gern …
Möchtest du …? Möchten Sie …?	Ja, gern. Nein, danke. Ich möchte lieber … Nein, danke. Ich nehme lieber …

nach der Rechnung fragen

Die Rechnung, bitte!
Zahlen, bitte!

Small talk

A: Guten Tag, ich bin …
B: Guten Tag. Ich heiße … Woher …?
A: Aus … Und Sie?
B: Aus … Wo arbeiten Sie?
A: Bei … Ich bin … Und Sie?
B: …

Grammatik

der/das/die – ein/eine – kein/keine

der	ein	kein
das	ein	kein
die	eine	keine

Der Film „Das Boot" ist ein Film von Wolfgang Petersen.
Er ist kein Science-Fiction-Film.

⚠ Bei manchen unregelmäßigen Verben ändert sich in der 2. und 3. Person Singular der Stamm.

Verben im Präsens

Person	trinken	arbeiten	sprechen	nehmen
ich	trinke	arbeite	spreche	nehme
du	trinkst	arbeitest	sprichst	nimmst
er/es/sie	trinkt	arbeitet	spricht	nimmt
wir	trinken	arbeiten	sprechen	nehmen
ihr	trinkt	arbeitet	sprecht	nehmt
sie/Sie	trinken	arbeiten	sprechen	nehmen

Lernen lernen

A 4.4

ich habe   ich bin
du hast   du bist
er/es/sie hat   er/es/sie ist
wir haben   wir sind
ihr habt   ihr seid
sie/Sie haben   sie/Sie sind

Ich arbeite,
du arbeitest,
er …

ich   -e
du   -(e)st
er/es/sie   -(e)t
wir   -en
ihr   -(e)t
sie/Sie   -en

Einheit 4: *Unterwegs in Europa*

— geografische Positionsangaben machen
— bekannte Orte in D-A-CH benennen
— Ländernamen und Artikel
— einen Text erschließen
— Wiederholung der Verben im Präsens

1 Testen Sie Ihr Wissen über Europa. Kreuzen Sie an. Hören Sie dann das Quiz.

1) Wie heißt die Hauptstadt von Ungarn?

a) Bratislava.   c) Budapest.

b) Ljubljana.   d) Amsterdam.

4) Lissabon ist die Hauptstadt von

a) Malta.   c) Portugal.

b) Zypern.   d) Irland.

2) In Rom steht

a) der Buckingham Palast.   c) der Eiffelturm.

b) der Petersdom.   d) das Brandenburger Tor.

5) Wo steht das Atomium?

a) In Athen.   c) In Prag.

b) In Brüssel.   d) In Wien.

3) Die Landessprache von Liechtenstein ist

a) Französisch.   c) Italienisch.

b) Niederländisch.   d) Deutsch.

6) Wo ist die Europäische Zentralbank?

a) In London.   c) In Zürich.

b) In Brüssel.   d) In Frankfurt.

2 Schreiben Sie eine Quizfrage mit vier Antwortmöglichkeiten für Ihren Partner.

Wo ist …? Wie heißt …? Wo liegt …? Wo steht …?

1 Texte erschließen

1.1 Lesen Sie die Texte und notieren Sie die Informationen.

Herr und Frau Engel kommen aus Karlsruhe. Das liegt 130 Kilometer südlich von Frankfurt. Sie fahren nach Italien. Die Engels haben einen Sohn, Dirk. Er ist 10 und lernt Englisch in der Schule. Frau Engel spricht Englisch und etwas Italienisch. Herr Engel spricht nur Englisch. Herr Engel arbeitet bei Mercedes-Benz in Mannheim. Frau Engel ist Lehrerin. Sie unterrichtet Englisch und Deutsch. Am Wochenende gehen die Engels gern ins Kino.

Renate Nieber wohnt in Weimar, das liegt in Thüringen zwischen Erfurt und Jena. Renate und ihr Freund Stefan Freiger fahren zusammen nach Grenoble Ski fahren. Renate und Stefan haben zehn Tage Urlaub. Stefan spricht ein bisschen Französisch. Renate spricht nur Deutsch. Renate und Stefan arbeiten bei Opel in Eisenach. Sie ist Programmiererin und er ist Controller.

Giuseppe Roca wohnt in Sankt Pölten. Das liegt etwa 50 Kilometer westlich von Wien. Er ist Italiener, 33 Jahre alt. Er ist aus Venedig. Giuseppe spricht sehr gut Deutsch und Italienisch. Er versteht Spanisch und Französisch. Seine Freundin Susanne Nentwich spricht ein bisschen Italienisch. Sie sind nicht verheiratet, aber sie haben ein Baby, ein Mädchen. Anita ist drei Monate alt. Sie fahren 14 Tage nach Tschechien, nach Prag. Susanne hat dort Freunde. Susanne ist Sekretärin in einer großen Schule. Giuseppe ist Elektrotechniker. Er arbeitet bei der Telekom Austria in Wien und er liest gerne Romane.

Name	Sprachen	Arbeit	Hobby
Herr und Frau Engel			
Renate Nieber			
Giuseppe Roca			

1.2 Stellen Sie die Personen mit Hilfe der Tabelle im Kurs vor.

1.3 Lesen Sie den Text und sehen Sie die Grafik an.
Nennen Sie wichtige Informationen aus Text und Grafik.

Deutschland reist

Die Deutschen reisen gern. Sie fahren sehr gern ins Ausland. Der typische Deutsche macht einmal pro Jahr Urlaub. Der Urlaub dauert etwa 13 Tage. Wichtig für Deutsche im Urlaub sind Entspannung, Zeit und Ruhe, kein Stress und gutes Wetter. Etwa 21 Millionen Deutsche machen Urlaub in Deutschland. Sie fahren am liebsten ans Meer (etwa 50%). 18 Prozent etwa bleiben im Urlaub zu Hause. Und 14 Prozent der Deutschen fahren in die Berge. Die beliebtesten Aktivitäten der Deutschen im Urlaub sind Sonnenbaden (50%), Spazierengehen (41%) und das Essen in guten Restaurants (36%).

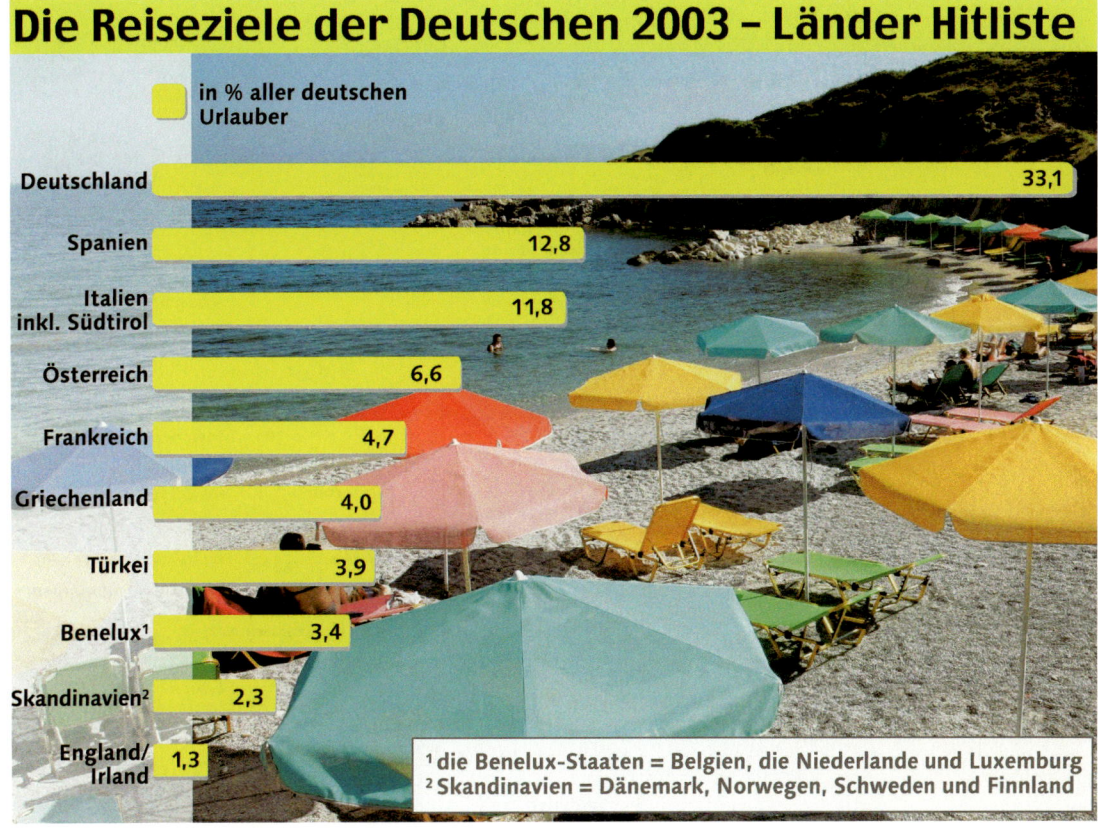

Die Reiseziele der Deutschen 2003 – Länder Hitliste

in % aller deutschen Urlauber

Land	in %
Deutschland	33,1
Spanien	12,8
Italien inkl. Südtirol	11,8
Österreich	6,6
Frankreich	4,7
Griechenland	4,0
Türkei	3,9
Benelux[1]	3,4
Skandinavien[2]	2,3
England/Irland	1,3

[1] die Benelux-Staaten = Belgien, die Niederlande und Luxemburg
[2] Skandinavien = Dänemark, Norwegen, Schweden und Finnland

Die Deutschen mögen .... im Urlaub.

Sie fahren/reisen am liebsten ans .... Sie fahren/reisen nicht so oft in die ....

Deutsche machen Urlaub in Deutschland und fahren oft nach ....

1.4 Wohin fahren Sie gerne? Nennen Sie Länder und Orte.

Ich fahre gerne ans Meer / in die Berge.

Ich fahre oft nach Spanien / ...

Wir fahren gerne in die ...

1.5 Sammeln Sie die Länder und machen Sie eine Hitliste für Ihren Kurs.

im Nordwesten / nordwestlich von · **im Norden** nördlich von · **im Nordosten** nordöstlich von · **im Westen** westlich von · **im Osten** östlich von · **im Südwesten** südwestlich von · **im Süden** südlich von · **im Südosten** südöstlich von

Schweden · Finnland · Helsinki · Stockholm · Tallinn · Estland · Lettland · Riga · Litauen · Vilnius · Minsk · Weißrussland · Großbritannien · Edinburg · Belfast · Dublin · Irland · Wales · England · Cardiff · London · NORDSEE · Dänemark · Kopenhagen · OSTSEE · Polen · Warschau · Amsterdam · Niederlande · Deutschland · Berlin · Brüssel · Belgien · Paris · Luxemburg · Luxemburg · Frankreich · Prag · Tschechische Republik · Slowakei · Wien · Bratislava · Österreich · Budapest · Ungarn · Moldawien · Chisinau · Kiew · Ukraine · Bern · Schweiz · Slowenien · Ljubljana · Zagreb · Kroatien · Italien · Bosnien-Herzegowina · Sarajewo · Belgrad · Rumänien · Bukarest · Portugal · Lissabon · Madrid · Spanien · Mallorca · Korsika · Rom · Serbien-Montenegro · Bulgarien · Sofia · Skopje · Mazedonien · Gibraltar · Sardinien · MITTELMEER · Albanien · Tirana · Griechenland · Türk · Rabat · Algier · Sizilien · Athen · Marokko · ATLANTISCHER OZEAN · Ärmelkanal · ADRIATISCHES MEER · SCHW

2.1 Wie heißen die Länder, Sprachen und Hauptstädte? Sie finden die Sprachen im Kasten. In manchen Ländern gibt es mehrere Sprachen.

> Dänisch > Englisch > Deutsch > Niederländisch > Tschechisch > Italienisch > Slowenisch
> Polnisch > Luxemburgisch > Französisch > Ungarisch > Slowakisch > Rätoromanisch

> In Österreich spricht man Deutsch, in Frankreich spricht man Französisch.

2.2 Sprachen im Kurs: Wer spricht was? Machen Sie eine Umfrage im Kurs.
Welche Sprachen sprechen Sie?

Ich spreche Chinesisch und Englisch. Und Sie?

Danke. Ich komme aus Brasilien.
Ich spreche Portugiesisch und lerne Deutsch.

Ich spreche … Entschuldigung,
was heißt „Português" auf Deutsch?

Portugiesisch

Info: Die meisten Ländernamen haben auf Deutsch keinen Artikel. Es gibt einige Ausnahmen:	*der*	*der Irak; der Iran; der Libanon; der Sudan; der Tschad*	*Teheran ist im Iran.* *Ich komme aus dem Iran.*
	die (Singular)	*die Schweiz; die Türkei; die Slowakei*	*Ankara ist in der Türkei.* *Er kommt aus der Türkei.*
	die (Plural)	*die Niederlande; die USA*	*New York ist in den USA.* *Sie kommt aus den USA.*

2.3 Und Sie? Woher kommen Sie? Wo wohnen Sie jetzt?

Ich komme aus Malmö.
Das liegt in Südschweden.

Ich wohne jetzt in Frankfurt.
Das liegt im Südwesten von Deutschland.

2.4 Arbeiten Sie mit der Landkarte im Umschlag. Wo liegen diese Städte in
Deutschland, Österreich und der Schweiz?

Linz – Wien > Innsbruck – München > Mainz – Frankfurt > Graz – Klagenfurt > Weimar – Erfurt
Bern – Basel > Köln – Bonn > Lübeck – Schwerin > Lausanne – Genf > Leipzig – Dresden

Linz liegt westlich von Wien.

2.5 Machen Sie selbst Aufgaben. Arbeiten Sie mit der Karte aus Übung 2.

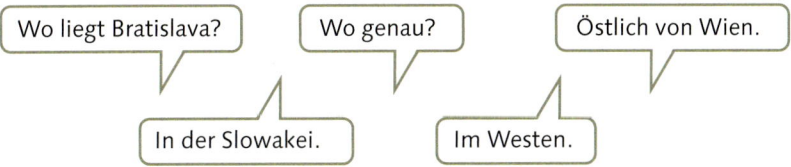

Wo liegt Bratislava?

Wo genau?

Östlich von Wien.

In der Slowakei.

Im Westen.

3 Informationen ordnen

3.1 Lesen Sie und schreiben Sie für jeden Lerntipp ein weiteres Beispiel.

Lerntipp: Systematisch geordnete Informationen kann man leichter lernen.
Hier sind drei Beispiele.

A 10.1

1. Wörter in Tabellen ordnen

Land	Einwohner/-in	Sprache
England	der Engländer / die Engländerin	Englisch
Italien	der Italiener / die Italienerin	Italienisch
die Schweiz	der Schweizer / die Schweizerin	
…	…	…

A 10.2
A 11.2

2. Wörter in Wortgruppen lernen
England, Engländer, Englisch
Hören und sprechen

3. Wörter im Kontext lernen.
Sandra Zawadska kommt aus Polen.
Sie ist Polin. Sie spricht Polnisch.

4 Verben

4.1 Fahren, sprechen, heißen, sein, … Verben üben:
Ergänzen Sie die fehlenden Formen.

fahren > sprechen > heißen > sein > reisen > kommen > wohnen > haben > machen

1 A: Ich ___spreche___ Englisch und ein
bisschen Deutsch. .... Sie auch
Englisch?

B: Nein, ich .... Französisch und Italienisch.
Aber meine Frau .... Englisch.

2 A: .... du in Urlaub?

B: Ja. Ich .... nächste Woche nach Spanien,
nach Granada. Und ihr?

A: Wir .... nicht in Urlaub. Meine Frau .... leider
keine Zeit. Sie arbeitet.

3 Giuseppe .... in Sankt Pölten. Das
.... westlich von Wien. Er ....aus
Venedig. Er .... mit seiner Freundin nach Prag.
Giuseppe und seine Freundin .... ein Baby.

4 A: Wie .... Sie?

B: Wir .... Meier.
Ich .... Klaus Meier und meine Frau
.... Petra Meier.

5 Die Deutschen .... gern. Sie .... auch gern ins Ausland.
Am liebsten .... sie Urlaub im Süden, am Strand.

4.2 Schreiben Sie einen Text. Die Wörter helfen.

Herr und Frau Schmidt / in Urlaub
Urlaub / 10 Tage
Sie / Italien

Frau Schmidt / Italienisch
Herr Schmidt / Englisch
Sie / Wein und Pizza

Herr und Frau Schmidt fahren in Urlaub.

5 Deutschland – Österreich – Schweiz: Ziele

5.1 Lesen und hören Sie die Texte. Sehen Sie sich die Fotos an und ordnen Sie zu.

1.

Innsbruck ist eine Universitäts- und Kongressstadt mit
115 000 Einwohnern. Die Stadt ist 800 Jahre alt, die Universität
über 300 Jahre. Innsbruck ist die Hauptstadt von Tirol und
liegt in den Bergen im Westen Österreichs, etwa 100 Kilometer
südlich von München. Touristen sehen sich oft das Alte Rathaus an.
Es ist fast 650 Jahre alt.

2.

Zürich ist die größte Stadt der Schweiz mit etwa
360 000 Einwohnern. Die Stadt liegt im Norden der Schweiz.
Zürich ist die Hauptstadt des Kantons Zürich. Die Stadt ist für
ihre Banken bekannt. Zürich hat aber auch eine schöne Altstadt
(das „Dörfli") und historische Gebäude.

3.

Hamburg hat den größten Hafen Deutschlands. Von hier
fahren Containerschiffe in die ganze Welt. Hamburg ist Stadt und
Bundesland. Es ist mit 1,7 Millionen Einwohnern die zweitgrößte
Stadt der Bundesrepublik und etwa 1200 Jahre alt. Es liegt
etwa 250 Kilometer nordwestlich von Berlin. Der Tierpark Hagen-
beck und das Vergnügungsviertel St. Pauli mit der „Reeperbahn"
sind international bekannt.

5.2 Sammeln Sie wichtige Informationen aus den Texten. Berichten Sie im Kurs.

Stadt: Innsbruck   Einwohner:
Alter: 800 Jahre   Lage:
Hauptstadt? von Tirol   Sehenswürdigkeiten:

> Innsbruck ist 800 Jahre alt.

> Hamburg hat 1,7 Millionen Einwohner.
> Die Sehenswürdigkeiten sind: …

Info In Deutschland heißen die Landesteile Bundesländer. Sachsen ist ein Bundesland. Es gibt 16 Bundesländer in
Deutschland. In Österreich heißen die Landesteile auch Bundesländer. Österreich hat neun Bundesländer, zum Beispiel
Tirol. In der Schweiz nennt man die Landesteile Kantone. 26 Kantone gibt es in der Schweiz. Luzern ist ein Kanton.

5.3 Kennen Sie andere Touristenattraktionen? Ordnen Sie zu.

> Prater?

> Österreich.

> Kreml?

> Russland

So geht's

Kommunikation

über Länder und Städte sprechen

Woher kommst Du?	Ich komme aus Dresden.
Wo liegt Dresden?	Im Osten von Deutschland.
Wo genau?	Etwa 200 km südlich von Berlin.
Was ist interessant in Dresden?	Die Semperoper ist sehr schön.

Lernen lernen

A 16/17 **Lerntipp** *Machen Sie eigene Übungen zur Konjugation.*
Schreiben Sie Sätze aus dem Kursbuch ab und lassen Sie Lücken.

Vorderseite

Renate Nieber .... in Weimar,

das .... in Thüringen.

Rückseite

Renate Nieber _wohnt_ in Weimar,

das _liegt_ in Thüringen.

1. Informationen suchen

Deutschland reist

Etwa 21 Millionen Deutsche machen Urlaub in Deutschland. Sie fahren am liebsten ans Meer (etwa 50%). 18 Prozent etwa bleiben im Urlaub zu Hause.

Und 14 Prozent der Deutschen fahren in die Berge. Die beliebtesten Aktivitäten der Deutschen im Urlaub sind Sonnenbaden (50%), Spazierengehen (41%) und das Essen in guten Restaurants (36%).

2. Informationen ordnen

Wohin? *(Ziele in Deutschland)*
Was? *(Aktivitäten)*

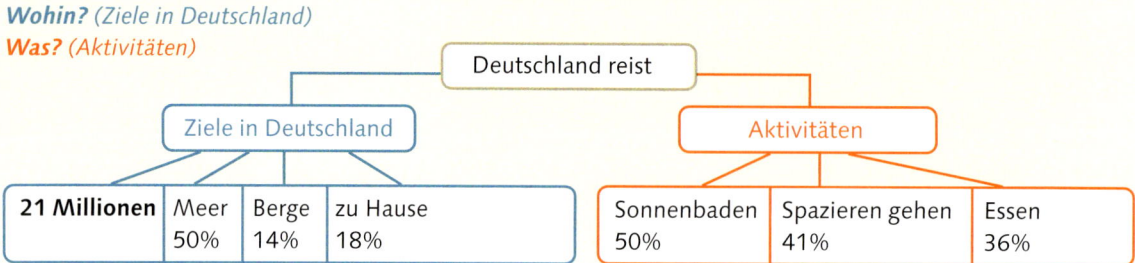

3. Informationen wiedergeben

Deutsche fahren oft ans Meer.

Deutsche gehen im Urlaub gern spazieren.

Option 1

— Inhalte der Einheiten 1–4 wiederholen
— Phonetik: Rhythmus (Betonung), Melodie (Fragemelodie),
   Aussprache (**sch**, **st** und **sp**, die Umlaute **ä**, **ö** und **ü**)
— Selbstevaluation: Was kann ich?

1   Geographie

Welches Land liegt wo?
Ergänzen Sie die Symbole.

Deutschland = D, Liechtenstein = FL,
Österreich = A, Schweiz = CH

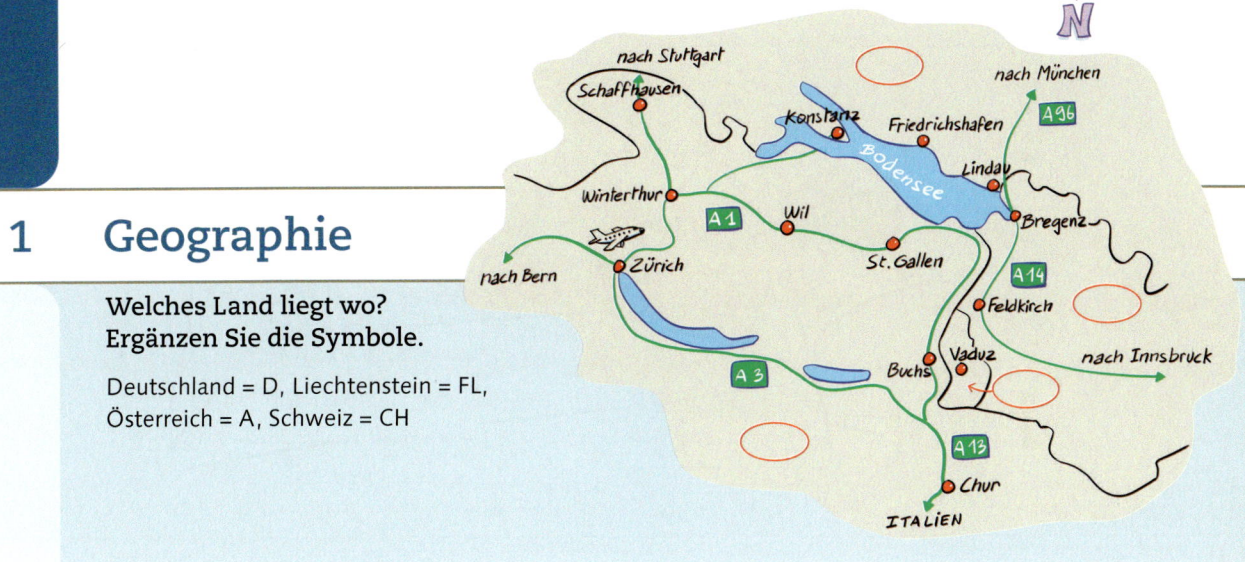

2   Lotto, 6 aus 49

Kreuzen Sie in jedem Feld sechs Zahlen an. Hören Sie dann
die Lottozahlen. Sie hören vier Ziehungen. Wie viele Richtige
haben Sie?

Info: Lotto ist in Deutschland, Österrreich und der Schweiz ein beliebtes Glücksspiel. In Deutschland spielen jede Woche ungefähr 10 Millionen Menschen Lotto. Man kreuzt sechs Zahlen pro Feld an. Das kostet 0,75 Euro. Am Mittwoch und am Samstag zeigt das Fernsehen die Ziehung der Lottozahlen. Wer drei richtige Zahlen in einem Feld hat, hat schon etwa 10,- Euro gewonnen. Mit vier richtigen Zahlen gewinnt man etwa 40,- Euro, bei fünf Richtigen circa 2500,- Euro. Mit sechs richtigen Zahlen gewinnt man 450.000 Euro oder mehr. Die Chancen für sechs Richtige sind 1:13 983 816. Der Gewinn wird allerdings unter den Gewinnern aufgeteilt.

3 Ein Würfelspiel mit Verben

 Schreiben Sie Verben aus den Einheiten 1-4 im Infinitiv auf kleine Zettel.
Spielen Sie zu viert mit einem Würfel. Wer zuerst zehn Richtige hat, hat gewonnen.

- ich
- du
- er/es/sie
- wir
- ihr
- sie/Sie

4 Diktat

 4.1 Hören Sie die CD und schreiben Sie. Suchen Sie die Städte auf der Karte.

Bernd Kampmann > Dortmund > Frankfurt > Brücke > Nürnberg

4.2 Welches Bild passt zum Text?

| Regensburg | Heidelberg | Bamberg |

5 Kennen Sie Ihr Deutschbuch?

Beantworten Sie die Fragen zu den Bildern.

1. Ist das Frau Müller?

2. Ist das eine Notrufnummer in Österreich?

3. Kommt er aus Frankfurt?

4. Ist das ein Espresso?

5. Ist das Herr Graffmann?

6 Auskunft zur Person

Lesen und hören Sie bitte den Text. Schreiben Sie selbst einen Text oder variieren Sie diesen Text mit Ihren persönlichen Zahlen.

> Ich bin
> die Telefonnummer 56 89 45
> die Hausnummer 24
> die Postleitzahl 13354
> die Passnummer K 498 309

> die Kursnummer 37a
> die Bibliotheksnummer 127984
> Ich bin eine Nummer.
> Bin ich nur eine Nummer,
> nur eine Zahl?

7 Drei in einer Reihe

Spielregeln:

1. Immer zwei Kursteilnehmer/innen (0/X) spielen zusammen.
2. Bearbeiten Sie eine Aufgabe und markieren Sie das Feld mit dem Bleistift. (0/X)
3. Haben Sie drei Felder in einer Reihe? Dann haben Sie gewonnen.

Buchstabieren Sie: *Bunczkowski* B – U – N – …	**Am Telefon: Was sagen Sie?** **A:** Müller. **B:** …	**Fünf Nomen mit Artikel** *die*	**Wie heißen die vier Himmelsrichtungen?**
Nicht **oder** *kein(e)*? > Ich verstehe Sie … > Ich habe … Zeit.	**Im Café: Antworten Sie.** **A:** Was möchten Sie, bitte? **B:** …	**Antworten Sie.** **A:** Sind Sie Frau Weber? **B:** …	**Wie heißt die Frage?** **A:** … **B:** Nein, ich heiße Mai.
Drei Begrüßungen: > Guten Morgen! > Guten …! > …	**Antworten Sie.** **A:** Wohnen Sie auch in Frankfurt? **B:** …	**Antworten Sie.** **A:** Woher kommen Sie? **B:** …	**Thema „Essen/Trinken":** vier Wörter
Was ist der Plural? Stuhl, Frau, Kind, Foto	**Ergänzen Sie.** *haben* **oder** *sein*? Sie/aus Belgien? du/Zeit? er/Regisseur?	**Wie heißt die Frage?** **A:** … **B:** Die Telefonnummer ist 93 60 78.	**Wie heißen die Länder?** CH A FL D

Rhythmus

8.1 Hören Sie und sprechen Sie nach.

Wie geht's ? Noch ein mal! Guten Tag .
Es geht. aus Frank furt Habt Ihr Zeit ?
Na klar ! Bis spä ter! Ist hier frei ?
… … …

8.2 Der Ja-Sager: einen Text rhythmisch sprechen.

a. Hören Sie den Ja-Sager und sprechen Sie nach.

Ja , ich heiße Meier, ich komme aus Deutschland, ich bin dreiunddreißig, ich spreche Deutsch

und Französisch, ich bin verheiratet, ich arbeite gern und ich lerne auch gern.

b. Sprechen und laufen Sie den Text: Machen Sie einen großen Schritt für die betonten Silben und kleine Schritte für alle anderen Silben.

c. Sprechen und laufen Sie den Nein-Sager.

Melodie

8.3 Ja/Nein-Fragen und Fragemelodie

a. Bitte hören Sie die Beispiele und sprechen Sie nach.

Ist hier noch frei? Sind Sie verheiratet? Hast du Zeit? Ist das Frau Müller?

b. Fragen Sie Ihren Partner, achten Sie auf die Melodie.

Trinken Sie gerne .... Kaffee .... ? Essen Sie gerne .... ?

Mögen Sie .... ?

Aussprache

8.4 Sch, st und sp

St und sp liest man am Wortanfang fast immer wie scht und schp. Hören Sie und sprechen Sie nach.

spielen, später, die Stadt, die Altstadt, der Buchstabe, sportlich, der Spaß, Spanisch sprechen

8.5 Die Umlaute ä, ö und ü

a. Hören Sie und sprechen Sie nach.
das Rätsel > sich verwählen > das Getränk > schön > das Wörterbuch > müde > der Süden > das Glück

b. Umlaut oder nicht? Wo fehlen die Punkte? Bitte hören und ergänzen Sie.
der Osten > ostlich > der Norden > nordlich > zahlen > zahlen > zurück > naturlich > schon > schon

Selbstevaluation

1 Lesen Sie die Aussagen links und bearbeiten Sie dann die Aufgaben rechts.

1. Ich kann begrüßen, meinen Namen nennen und Namen erfragen.	G............. T.......... . Ich h............... Wie .... ?
2. Ich kann fragen, woher eine Person kommt und wo sie wohnt.	Woher .... ? Und wo ....?
3. Ich kann sagen, woher ich komme und wo ich wohne.	Ich k .... Ich w ....
4. Ich kann nach einer Telefonnummer fragen und meine Telefonnummer sagen.	E .... , wie ist die T............................ v.......... Frau Chaptal?
5. Ich kann Zahlen verstehen.	neunzehn = ... sechshundertneunundfünfzig = ... achtundzwanzig = ...
6. Ich kann etwas zu trinken bestellen.	Wir n .... Ich m ....
7. Ich kann sagen, was ich (nicht) mag.	ich / Cola (+) .... ich / Kaffee / trinken (+) .... ich / Wein / trinken (-) ....
8. Ich kann Aussagen über Personen machen.	Er / sprechen / Deutsch Petra / fahren / Berlin Er / arbeiten / Stuttgart Wir / Wohnen / Wien

2 Markieren Sie **V** für *kann ich* und **O** für *kann ich nicht so gut*.

3 Korrigieren Sie mit den Lösungen im Anhang. Wie ist Ihr Ergebnis?
Ziehen Sie eine Bilanz.

+ +	+	–	– –

Einheit 5: *Lebensmittel einkaufen*

- Mengen und Preise
- Einkaufsgespräche
- Akkusativergänzung
- Plural der Nomen
- systematisch Wortschatz lernen

1 Hören Sie die CD. Welche Produkte sind im Angebot? Markieren Sie in der Liste.

Oliven	Birnen	Bohnen	Marmelade	Orangen	Wein

Paprika	Champignons	Butter	Weintrauben	Schinken	Brot

2 Hören Sie noch einmal. Was kosten die Produkte? Schreiben Sie die Preise in die Liste.

1   Mengen und Preise

1.1 Sehen Sie sich die Collage an. Welche Produkte kennen Sie, welche nicht?

Holländische Markenbutter
250-g-Packung
0,98

Deutsche Karotten
HKL 2,3-kg-Beutel
1,25

Onko Kaffee „Festlich", „Naturmild" oder „Sanft"
jede 500-g-Vacu-Packung
3,49

Gramm (g),
Kilogramm (kg),
Liter (l),
Milliliter (ml),
Pfund (500 g)

Hipp Bio-Früchte
versch. Sorten,
jedes 190-g-Glas
0,74

Französische Spezialitäten
Orig. frz. Baguette Salami „Le Bon"
100 g
1,24

Orig. frz.
Hinterschinken
100 g
1,49

Deutsche Zwiebeln
HKL 2,5-kg-Netz
1,74

Bahlsen Picanterie Erdnuß-Locken
250-g-Beutel

oder Chio Chips Paprika,
175-g-Beutel

oder Funny chips frisch
ungarisch,
175-g-Beutel,
je
0,98

Unser Konzept ist wie unser Markt: sauber, klar, ordentlich. Helle, blitzblanke Regale, Appetitlichkeit in und an den Theken. Knackig frische Ware.

Bauer Fruchtjoghurt oder Vanille Joghurt auf Frucht
3,5 % Fettgehalt,
versch. Sorten,
jeder 250-g-Becher
0,59

Holländische Salatgurken
HKL 1, 500–600 g, Stück
0,59

Bonduelle grüne Bohnen sehr fein, Erbsen extra fein, oder extra fein mit Möhren
425 ml + 33 % = 580-ml-Dose,
je
0,49

Costa Rica Mango
große Früchte, Stück
1,74

Italienische Tafeltrauben
blau, lose, HKL 1,1-kg
1,49

Getränkemarkt

Franziskaner Weißbierspezialitäten
versch. Sorten, 20 Flaschen
à 0,5 Liter, Kasten
14,80
inkl. 3,00 E Pfand

6 Flaschen Glankrone Apfelsaft à 1 Liter, klar oder trüb, Kasten
6,60
inkl. 3,00 E Pfand

Mineralwasser mit wenig Kohlensäure
12 Flaschen à 0,7 Liter,
jeder Kasten
7,08
inkl. 3,30 E Pfand

Orangensaft oder Multivitaminnektar
7,24
inkl. 2,50 E Pfand

Gouda holl. Schnittkäse
jung, am Stück,
48% Fett i. Tr., 100 g
0,74

1.2 Machen Sie eine Tabelle im Heft.

Produkt	Mengenangabe	Preis
Apfelsaft	Kasten	6,60
Butter	250 Gramm	...
...	...	...

1.3 Was passt zusammen? Ordnen Sie zu und lesen Sie vor.

		Apfelsaft
		Joghurt
	eine Packung	Schokolade
	drei Tafeln	Konfitüre/Marmelade
	eine Flasche	Mineralwasser
Ich möchte	einen Beutel	Salami
Geben Sie mir	ein Glas	Erbsen
Ich hätte gern	eine Dose	Zwiebeln
Ich brauche	einen Becher	Kaffee
	einen Liter	Käse
	ein Kilo(gramm)	Milch
	ein Pfund (= 500 gr.)	Chips
	100 Gramm	Karotten
	eine Tüte	Bier
	einen Kasten	Kartoffeln
		Bohnen

CD 1

> Ich möchte eine Tafel Schokolade, bitte.

2 Einkaufen

2.1 Hören Sie die CD und kreuzen Sie an. Was kauft Frau Müller?

Tomaten
Milch
Bananen
Schokolade
Joghurt
Öl
Käse
Kartoffeln
Broccoli
Eier
Kaffee
Quark
Chips

Frau Müller: Guten Tag.

Verkäufer: Guten Tag. Sie *wünschen*?

Frau Müller: Ich hätte .... zwei Liter Milch.

Verkäufer: Ja. Noch etwas?

Frau Müller: Und ein .... Kartoffeln.

Verkäufer: Tut mir Leid, heute haben wir leider .... Kartoffeln.

Frau Müller: Hm, ja, ... Sie mir ein Kilo Broccoli.

Verkäufer: Gut. Noch etwas?

Frau Müller: Ja, ich brauche noch Öl.

Verkäufer: Wie viel?

Frau Müller: Ach, geben Sie mir gleich zwei ....

Verkäufer: Olivenöl oder Sonnenblumenöl?

Frau Müller: Olivenöl, ... Und sechs Eier.

Verkäufer: Gut. Ist das alles?

Frau Müller: Nein, ich brauche noch drei .... Schokolade. Das ist sehr wichtig.

Verkäufer: Ah ja. Welche Marke?

Frau Müller: „Milka". Ach ja, und noch ein .... Kaffee.

Verkäufer: Gerne.

Frau Müller: Das ist alles. Nein, Entschuldigung, bitte noch zwei Beutel Chips. Dann habe ich wirklich alles.

Verkäufer: So, ... 18, 40.

Frau Müller: Bitte.

Verkäufer: Danke. Das sind 20 Euro - und 1, 60 zurück. Danke schön, auf ...., schönes ....

Frau Müller: Danke auch. Auf Wiedersehen.

2.3 Bereiten Sie Einkaufsdialoge mit der Liste in 1.3 vor. Spielen Sie dann die Dialoge. Der Dialogbaukasten hilft.

B 15

fragen, was jemand möchte	sagen, was man möchte
Sie wünschen, bitte?	Ein Kilo Trauben, bitte.
Ja, bitte?	Geben Sie mir bitte ...
	Ich möchte ...
	Ich hätte gern ...
	Haben Sie ...?
Noch etwas?	Ja, ich brauche noch ...
	Nein, das ist alles.
Ist das alles?	Nein, ich brauche noch ...

2.4 Lebensmittel in Ihrem Land. Machen Sie eine Liste mit fünf wichtigen Lebensmitteln. Arbeiten Sie mit dem Wörterbuch. Wie heißen diese Lebensmittel auf Deutsch?

3 Nomen – die Pluralformen

	der Salat	das Steak	die Suppe
Singular			
	die Salate	die Steaks	die Suppen
Plural			

Ich möchte zwei Tafeln Schokolade, bitte.

3.1 Ergänzen Sie die Regel.

Der bestimmte Artikel heißt im Plural immer ....

3.2 Wie zeigt das Wörterbuch den Plural? Markieren Sie bitte.

Huhn, das; Hühner; Hühnchen; Hüh|ner-, ...brust, ...au|ge, ...brü|he,

Sa|lat, der; -e; gemischter-; ...blatt, ...gurke, ...kopf, ...öl, ...pflan|ze, ...plat|te, ...so|ße,

Banane, die; -n; ‹afrik.-port.›;Ba|na|nen-flan|ke (Fußball), ...republik (abwertend),

C 32

3.3 Hier sind Pluralformen von Nomen. Suchen Sie in der Wortliste im Anhang je zwei weitere Beispiele.

-	- e	- n	- en
die Kilometer	die Salate	die Bananen	die Frauen
die Liter	die Brote	die Karotten	die Verben
....	....	....	....
....	....	....	....

- er	- s	Umlaut +
die Eier	die Steaks	die Hühner
die Kinder	die Fotos	die Männer
....	....	....
....	....	....

Lerntipp Nomen immer mit dem Artikel und der Pluralform lernen.

4   Akkusativ

4.1 Diese Sätze sind nicht komplett. Bitte ergänzen Sie.

1. Ich möchte ein ....

2. Geben Sie mir bitte einen ....

3. Ich hätte gern eine ....

4.2 Schreiben Sie die Sätze aus 4.1 in die Kästen.

Nominativ (N)	Verb	Akkusativ (A)
Ich	möchte	ein Bier

Verb	Nominativ (N)	Akkusativ (A)
		mir bitte

Nominativ (N)	Verb	Akkusativ (A)
	gern	

Viele Verben brauchen einen Nominativ (= Subjekt) und einen Akkusativ (= Objekt).

4.3 Markieren Sie bitte die Verben, Nominative und Akkusative.

1. Ich (N)	brauche (V)	einen Kaffee (A)
2. Herr Koenig	schreibt	einen Brief
3. Verstehst	du	das Problem?
4. Ihr	hört	den Dialog.
5. Verstehen	Sie	die Aufgabe?
6. Wir	brauchen	eine Pause.

4.4 Hören Sie den Dialog. Was passiert?

5 Artikel im Akkusativ

C 41, 42

Geben Sie mir bitte eine Tafel Schokolade.

5.1 Nominativ und Akkusativ: Schauen Sie die Tabelle an.
Wo gibt es Unterschiede?

	Nominativ	Akkusativ	
Singular	der Apfel	den Apfel	*Ich möchte den Apfel*
	das Glas	das Glas	*Ich möchte das Glas.*
	die Flasche	die Flasche	*Ich möchte die Flasche.*
Plural	die Äpfel/ …	die Äpfel/ …	*Ich möchte die Äpfel.*
Singular	ein Apfel	einen Apfel	*Ich hätte gerne einen Apfel.*
	ein Glas	ein Glas	*Ich hätte gerne ein Glas.*
	eine Flasche	eine Flasche	*Ich hätte gerne eine Flasche.*
Plural	Äpfel/ …	Äpfel/ …	*Ich möchte Äpfel.*

5.2 Ergänzen Sie die Regel.

Akkusativ und Nominativ sind im Singular
und Plural fast immer gleich.
Ausnahme: maskuline Nomen im Singular.

der bestimmte Artikel: ....

der unbestimmte Artikel: ....

Info: *Nominativ und Akkusativ:*
ein *funktioniert wie* **kein***:*

	positiv	*negativ*
Singular:	*ein(en)/ein/eine*	*kein(en)/kein/keine*
Plural:	*–*	*keine*

5.3 Ergänzen Sie bitte die bestimmten Artikel im Nominativ
in der linken Spalte und die Akkusativformen in der rechten Spalte.

1. *das* Wörterbuch — Ich brauche e .... Wörterbuch.
2. .... Liter — Geben Sie mir bitte e .... Liter Milch.
3. .... Text — Wann liest du d .... Text?
4. .... Regel — Ergänzen Sie bitte d .... Regel.
5. .... Brot — Wir brauchen noch e .... Brot.
6. .... Heft — Ich habe d .... Heft vergessen.
7. .... Banane — Tom isst k .... Bananen.
8. .... Kaffee — Ich bestelle e .... Kaffee.
9. .... Tomatensuppe — Bringen Sie mir bitte d .... Tomatensuppe.
10. .... Wein — Möchtest du k .... Wein?

Sie isst noch eine … .

5.4 Schreiben Sie drei Lückensätze wie in 5.3. Ihre Nachbarin / Ihr Nachbar ergänzt.

5.5 Ich brauche, nehme, möchte, hätte gern … . Spielen Sie im Kurs.

Ich brauche einen Kaffee.

Ich nehme einen Kaffee und einen Salat.

Ich möchte einen Salat und … .

6   Was essen Sie gerne?

6.1 Kennen Sie diese Lebensmittel und Speisen? Ordnen Sie zu.
Ergänzen Sie dann die Artikel und den Plural.

.... Knoblauch
.... Schweineschnitzel
.... Schokolade
.... Sauerkraut
.... Gemüse
.... Früchte/Obst
.... Kartoffeln
.... Hähnchen
.... Pilze
.... Pommes frites
.... Nudeln
.... Reis
.... Bohnen
.... Suppe
.... Rindersteak
.... Brezel
.... Gummibärchen
.... Fisch

6.2 Partnerinterview: Was isst und trinkt Ihre Partnerin/Ihr Partner
gern oder nicht gern. Machen Sie Notizen.
Der Dialogbaukasten hilft.

Wiederholung:
Alle Nomen haben Artikel ... der, die, das ...

Aber: Bei unbestimmten Mengen
und bei Nomen nach Maßangaben
steht kein Artikel:

Sie isst gern Schokolade.
Ich möchte ein Kilo Tomaten.

fragen, was eine Person gern mag/isst/trinkt:	
Wie findest du/Wie finden Sie	Apfelsaft?
Mögen Sie/Magst du	Pizza?
Essen Sie gern/Isst du gern	Sauerkraut?
Trinken Sie gern/Trinkst du gern	Bier?
sagen, was man (nicht) gern mag/isst/trinkt:	
Apfelsaft	mag ich sehr
Pizza	finde ich super/spitze/ausgezeichnet!
Sauerkraut	esse/trinke ich (sehr) gern!
Bier	kenne ich nicht.
	mag ich (gar) nicht.
	finde ich scheußlich/fürchterlich/ekelhaft!
	esse/trinke ich nicht (gern).
Ich mag keinen / kein / keine	....

6.3 Berichten Sie jetzt im Kurs, was Ihre Partnerin / Ihr Partner gern trinkt und isst.

Ahmad kennt Sauerkraut nicht. Er mag Spaghetti ...

7 Systematisch Wortschatz lernen

7.1 Ordnen Sie den Wortschatz aus der Einheit und ergänzen Sie.

Packungen	Mengenangaben	Essen	Trinken
die Dose	500 Gramm	der Apfel	der Apfelsaft

Lerntipp: Neue Wörter mit alten verbinden

Nein, nicht schon wieder. Schokolade macht dick!

Ich möchte zwei Tafeln Schokolade.

8 Lesen und Verstehen

8.1 Der Zeitungsartikel gibt Informationen über Lebensmittel und Kalorien. Lesen Sie die Fragen und markieren Sie die Antworten im Text.

Was macht dick?
Wie viele Leute sind in Deutschland zu dick?
Welche Informationen gibt die Grafik?

Cola und Schokolade

Es passiert schnell. Man isst jeden Tag nur eine Brezel zu viel – und schon hat man in zwölf Monaten acht Kilogramm mehr Gewicht. Viele dicke Leute essen und trinken gern Lebensmittel mit vielen Kalorien, zum Beispiel Cola und Schokolade. Das sagt ein Professor aus Düsseldorf. Wenige Kohlenhydrate, viel Obst und Gemüse, Fisch und Fleisch – das ist gesund und macht schlank. In Deutschland ist jeder Dritte zu dick. Viele Industrienationen haben das gleiche Problem.

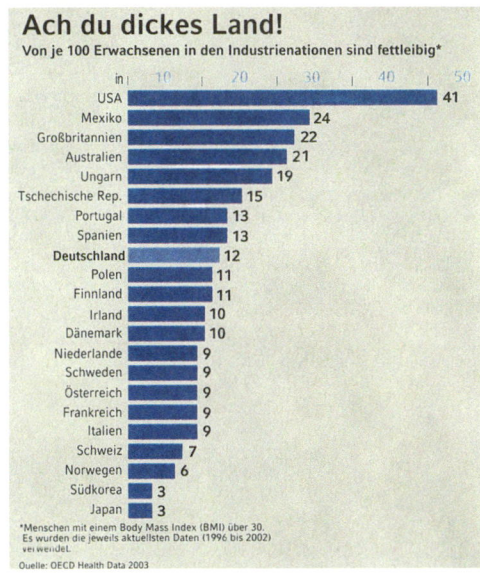

Ach du dickes Land!
Von je 100 Erwachsenen in den Industrienationen sind fettleibig*

Land	in %
USA	41
Mexiko	24
Großbritannien	22
Australien	21
Ungarn	19
Tschechische Rep.	15
Portugal	13
Spanien	13
Deutschland	12
Polen	11
Finnland	11
Irland	10
Dänemark	10
Niederlande	9
Schweden	9
Österreich	9
Frankreich	9
Italien	9
Schweiz	7
Norwegen	6
Südkorea	3
Japan	3

*Menschen mit einem Body Mass Index (BMI) über 30. Es wurden die jeweils aktuellsten Daten (1996 bis 2002) verwendet.

Quelle: OECD Health Data 2003

…und in Polen sind 11 Prozent zu dick.

So geht's

Kommunikation

fragen, was jemand möchte	fragen, was eine Person gern mag / isst / trinkt
Sie wünschen, bitte?	Mögen Sie / Magst du Pizza?
Ja, bitte?	Essen Sie gern / Isst du gern Salat?
	Trinken Sie gern / Trinkst du gern Bier?

sagen, was man möchte		sagen, was man (nicht) gern mag / isst / trinkt
Eine Tafel Schokolade, bitte		mag ich sehr!
Ich möchte …	Pizza	mag ich (gar) nicht.
Ich hätte gern …	Salat	esse / trinke ich (sehr) gern!
Haben Sie … ?	Bier	esse / trinke ich nicht (gern).
		finde ich scheußlich / fürchterlich / ekelhaft!

Grammatik

Plural der Nomen
Die Endungen sind verschieden. Zum Beispiel: **die** Wein**e**, **die** Gläs**er**, **die** Flasch**en**.
Der bestimmte Artikel im Plural ist immer **die**.

Akkusativ

	Nominativ	**Akkusativ**
Singular	der Apfel	den Apfel
	das Glas	das Glas
	die Flasche	die Flasche
Plural	die Äpfel / …	die Äpfel / …
Singular	ein Apfel	einen Apfel / keinen Apfel
	ein Glas	ein Glas / kein Glas
	eine Flasche	eine Flasche / keine Flasche
Plural	Äpfel / …	Äpfel / … / keine Äpfel / …

Lernen lernen
A 10

Wörter ordnen

zu Hause	bei der Arbeit	im Café
Chips	der Espresso	der Joghurt
…	…	…

Ich

trinke

einen Kaffee

Akkusativ

Einheit 6: *Freizeitaktivitäten*

— Uhrzeit erfragen/nennen
— sich verabreden
— über Hobbys sprechen
— Wochentage
— trennbare Verben/Satzklammer
— Personalpronomen: Akkusativ

a. ....

b. 1 ....

c. ....

d. *Skat spielen* ....

e. ....

f. *stricken* ....

g. ....

h. ....

i. ....

j. *Briefmarken sammeln*

k. ....

l. ....

1 Hören Sie. Ordnen Sie die Geräusche den Bildern zu.

2 Schreiben Sie die Wörter unter die Bilder.

lesen > Volleyball spielen > Basketball spielen > im Internet surfen/Computerspiele
> Yoga machen > Fußball spielen > Saxofon spielen > singen/Karaoke > boxen

3 Stellen Sie Ihr Hobby
pantomimisch im Kurs dar.
Die anderen Kursteilnehmer raten.

1 Uhrzeiten

1.1 Findet der Unterricht statt? Sehen Sie bitte das Bild an und hören Sie die CD.
Was ist richtig? Kreuzen Sie bitte an.

☐ **1.** Frau Müller ist da.

☐ **2.** Heute ist kein Unterricht.

☐ **3.** Morgen ist Unterricht.

☐ **4.** Morgen ist Frau Müller nicht da.

Herr Bilgin: Guten Abend. Wie spät ist es denn?

Frau Chaptal: Genau halb sieben.

Herr Bilgin: Und … ist Frau Müller nicht da?

Herr Chaptal: Nein, der Kurs fällt heute aus.

Frau Zawadzka: Das ist aber dumm …
Und was machen wir jetzt?

Herr Bilgin: Ich gehe ins Kino. Kommt ihr mit?

Heute fällt der Unterricht aus. Morgen beginnen wir erst um 18.45 Uhr und hören dann um 20.15 Uhr auf.

1.2 Hören Sie die CD noch einmal und sprechen Sie mit.

1.3 Sehen Sie sich die Texte an und hören Sie dann die CD.
Welcher Dialog passt zu welchem Text?

a.

19.50 Sportschau-Telegramm	
20.00 Tagesschau – Nachrichten	
20.15 Tatort – Reifezeugnis	
TIPP Krimi, D 1977 Regie: Wolfgang Petersen, mit: Nastassja Kinski, Christian Quadflieg. Ein smarter Klassenlehrer hat eine Affäre mit seiner Schülerin Sina. Michael, Sinas Klassenkamerad, kommt dahinter. Schon wird der Lehrer von einer anderen Schülerin erpresst. Sina lockt Michael in den Wald und tötet ihn... **90 Min.**	

Meter langen Dschunken bis an die Küsten Afrikas. **45Min.**

20.15 Ein Fall für zwei Krimi, D 2004 Seit mehr als 20 Jahren lösen Anwalt Dr. Lessing und Privatdetektiv Matula Kriminalfälle in Frankfurt/Main. In diesem Fall kommt es in einer Privatklinik zum Streit zwischen zwei Ärzten. Einer liegt später tot auf dem Parkplatz. Matula ermittelt im Pfuhl aus Kunstfehlern, Korruption und Kokain. **60 Min.**

19.30 Lokalzeit-Magazine
20.00 Tagesschau – Nachrichten
20.15 Circus Massimo 2003 Höhepunkte des Zirkusfestivals in Karlskrona - Unterhaltung. Im südschwedischen Karlskrona zeigen u.a. Mark & Benji aus Belgien und die chinesische Truppe Hunan ihr Können. **90 Min.**
21.45 Männer allein zuhaus Küchen-Kabarett – Die Kabarettisten Rainer Pause, Johannes Scherer, Jess Jochimsen und Tunç Denizer gewähren tiefe Einblicke in den ganz normalen Männeralltag. **45 Min.**

b.

Las Tapas ®
SPANISCHE SPEZIALITÄTEN

Telefon: 48 00 88 67
Mo - So 17.00 - 24.00

Friedberger Landstrasse 62
60316 Frankfurt am Main

www.Las-Tapas-Frankfurt.de

Dialog Nr.1

Dialog Nr.2

Dialog Nr.3

c.

Heute im Kino

■ Autokino: **The Village – Das Dorf** von M. Night Shyamalan (ab 12) 20:15.
■ Cinema: **Muxmäuschenstill,** Mux will seinen Mitmenschen Ideale beibringen (ab 16) 22:30.
■ CinemaXX Offenbach: **Riddick - Chroniken eines Kriegers** mit Vin Diesel (ab 12) 20:15, 23:00. **Gegen die Wand** von Fatih Akin (ab 12) 20:30.
■ Cineplex: **Spider-Man 2** (ab 12) 22:15. **Shrek 2 – Der tollkühne Held kehrt zurück** (o. A.) 14:00.
■ Turm: **7 Zwerge – Männer allein im Wald.** Komödie (o.A.) 17:15, 20:00.

1.4 Zeitangaben: offiziell – Umgangssprache. Vergleichen Sie und schreiben Sie einen Dialogbaukasten ins Heft.

CD 1

Wann fängt der Film an?

Wann ist es zu Ende?

Es ist Viertel nach sieben.

Uhr

Um zwanzig Uhr.

Um wie viel Uhr beginnt …?

Wie viel Uhr ist es?
Wie spät ist es?

Viertel vor

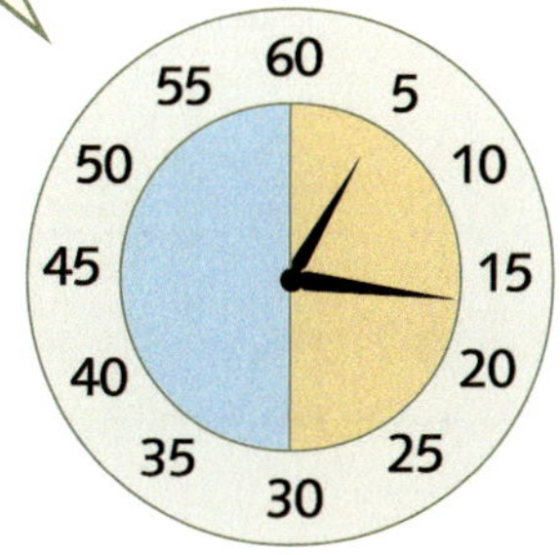

Viertel nach

Wann treffen wir uns?

Wann fängt der Zertifikatskurs an?

halb

Um sechs.

Es ist jetzt 17 Uhr. Sie hören die Nachrichten.

Um einundzwanzig Uhr dreißig.

Raum 5

Montag
17.00 – 18.30
DaF A 2 (Müller)

18.30 – 20.00
DaF A 1 (Müller)

20.00 – 21.30
DaF B 1 >
Zertifikatskurs (Weißling)

nach der Uhrzeit fragen	die Uhrzeit nennen	
	Umgangssprache	offiziell
Wie viel Uhr ist es?	Es ist neun.	Es ist 21.00 Uhr.
Wann		

1.5 Üben Sie die Uhrzeiten.

1. | Es ist elf Uhr. | Es ist fünf nach elf. | Es ist zehn nach elf. | … |

2. | Es ist zwölf Uhr. | Es ist Viertel nach zwölf. | Es ist halb eins. | … |

1.6 Hören Sie die CD und notieren Sie die Uhrzeiten.

2 Zeitangaben machen

2.1 Hören Sie die CD und ergänzen Sie bitte die Dialoge mit diesen Wörtern:

von … bis > wie > Viertel vor > Viertel nach > halb > wann > nach > um

---

Dialog 1

Herr Bilgin: Guten Abend. .... spät ist es denn?
Frau Chaptal: Genau .... sieben.

Dialog 2

A: .... beginnen denn die Filme?
B: „7 Zwerge" beginnt .... Punkt acht, „Das Dorf" und „Riddick" beginnen um Viertel .... acht.

Dialog 3

A: Mal sehen …, ja, um .... nach acht läuft „Ein Fall für zwei".
B: Der ist sicher spannend. Aber .... ist der Film zu Ende?
A: Um Viertel .... neun.
B: Gut, das geht. Ich stehe nämlich .... halb sechs schon wieder auf …

Dialog 4

A: Aber ist das Restaurant heute offen?
B: Ja, es ist .... 17 Uhr .... 24 Uhr geöffnet.

Dialog 5

A: .... rufst du an?
B: Um .... vor zwölf.

2.2 Dialogvarianten: Verbinden Sie die Dialogelemente zu einem Dialog.
Es gibt mehrere Möglichkeiten.

Hallo Doris, ich gehe heute Abend aus. Kommst du mit?			

Ja, gerne.	Wohin denn? Wann denn?	Hm, um wie viel Uhr?	Heute, das geht leider nicht.
Zum Beispiel ins Kino.	Um acht.	Und morgen?	Um elf.
Geht es auch etwas später?	Was läuft denn?	Das ist zu spät.	Morgen ist o.k.
„Das Dorf" im Auto-kino um 21 Uhr.	Ja, um halb neun.	Gut, dann bis morgen.	Und um zehn?
Prima, ich komme vorbei.	O.k. Also, bis später.	Gut, dann bis bald.	Alles klar. Tschüss!

2.3 Verabredungen – Wählen Sie eine Dialoggrafik aus.
Schreiben Sie zu zweit einen Dialog und spielen Sie ihn.

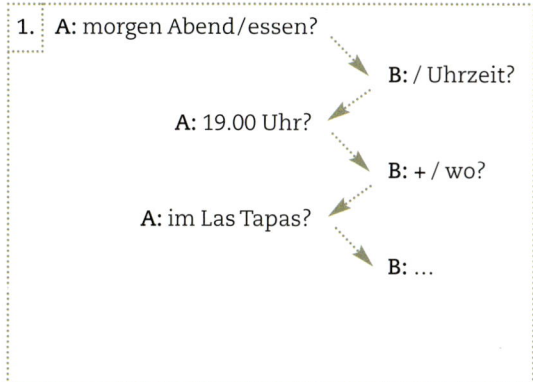

1. A: morgen Abend / essen?
   B: / Uhrzeit?
   A: 19.00 Uhr?
   B: + / wo?
   A: im Las Tapas?
   B: …

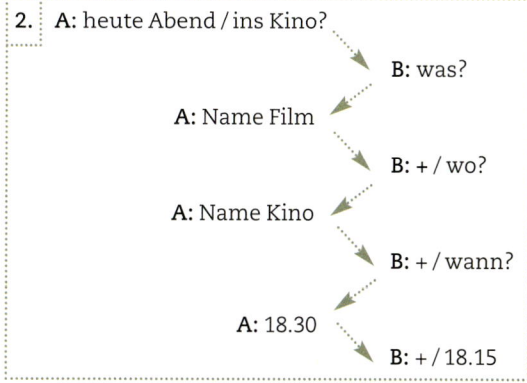

2. A: heute Abend / ins Kino?
   B: was?
   A: Name Film
   B: + / wo?
   A: Name Kino
   B: + / wann?
   A: 18.30
   B: + / 18.15

2.4 Was passt? Ordnen Sie bitte die Zeitangaben zu.

	Es ist kurz vor halb eins.
	Es ist kurz nach zwölf.
	Es ist gleich zwölf.
	Es ist Punkt zwölf. / Es ist genau zwölf.

a.  **b.**  **c.**  **d.**

2.5 Fragen und antworten Sie.

6.55 > 7.05 > 14.25 > 22.45 > 23.00 > 0.15 > 1.05 > 2.25

| Wie spät ist es? | Wie viel Uhr ist es? | Es ist fünf vor sieben. |

---

3 Trennbare Verben

C 25.1

3.1 Suchen Sie diese Verben in 1.1 und schreiben Sie die Sätze ins Heft.

1. stattfinden **2.** ansehen **3.** ankreuzen **4.** ausfallen **5.** mitkommen **6.** aufhören

1. Der Unterricht findet statt.   an|fangen   Der Film fängt um halb sechs an.

3.2 Hören Sie die CD und markieren Sie den Wortakzent bei den Verben in 3.1. Erkennen Sie die Regel?

Beispiel: aus fallen

3.3 Schreiben Sie fünf Sätze aus diesen Elementen:

Ich	fahren	heute	an.
Mutter	lade	Kuchen	zurück.
Der Kurs	bringt	am Wochenende	weg.
Sie	fängt	die Kursleiterin	mit.
Herr Greiner	lesen	morgen	ein.
Petras	rufen	heute Abend	vor.
Wir	kommt	das Buch	aus.

Lerntipp: Trennbare Verben immer mit Beispielsatz lernen.

4 Die Woche

4.1 Ein sportlicher Typ: Hören Sie die CD und tragen Sie die Wochentage in die Tabelle ein.

Mittwoch > Sonntag > Freitag > Donnerstag > Montag > Dienstag > Samstag

Montag						
Volleyball	Tennis	Basketball	Tischtennis	Fußball	Eishockey	
19:00-21:00	7:00-8:00				15:00-17:00	

4.2 Hören Sie die CD noch einmal. Ergänzen Sie die Uhrzeiten. Was macht der Mann am Sonntag?

4.3 Sehen Sie das Bild an und ergänzen Sie den Text.

morgens	**vormittags**	**mittags**	**nachmittags**	**abends**	**nachts**	**morgens**
am Morgen	am Vormittag	am Mittag	am Nachmittag	am Abend	in der Nacht	am Morgen

6   12   18   24/0   6

Ich liebe Musik. Ich spiele in der Woche etwa zwei Stunden pro Tag Saxofon. Das ist mein Hobby. Montags und dienstags arbeite ich nur vormittags. .... übe ich dann Saxofon. Von Mittwoch bis Donnerstag arbeite ich .... und nachmittags. Dann übe ich am .... Am Wochenende spiele ich etwa fünf Stunden pro Tag: zwei Stunden am .... bis etwa zwölf Uhr, eine Stunde am .... von 15 bis 16 Uhr und .... habe ich oft ein Konzert mit meiner Band. Am Samstag beginnen die Konzerte oft um neun Uhr abends, sonntags meist um acht. In der .... nach dem Konzert gehen wir manchmal in die Disco.

4.4 Schreiben Sie einen Text.

Meine Woche

Am Montag spiele ich Tennis. Dienstags …

5 Hobbys

5.1 Klären Sie unbekannte Wörter mit dem Wörterbuch und ordnen Sie die Wörter dann nach den Themen in a und b.

Yoga machen > ins Theater gehen > joggen > Münzen sammeln > Motorboot fahren > Judo machen > Telefonkarten sammeln > Aerobic machen > basteln > in den Zirkus gehen > Fahrrad fahren > Motorrad fahren > Rugby spielen > Briefmarken sammeln > Polo spielen > ins Museum gehen > tanzen > Cello spielen > Poker spielen > Gitarre spielen > nähen > Karate machen > Ski fahren > in die Disco gehen

a. (Ball-)Sport | Instrument | sonstiges   **b.** x spielen | x machen | x sammeln | x fahren | in x gehen | x

5.2 Was ist Ihr Hobby? Arbeiten Sie zu viert. Jeder notiert ein Hobby aus 5.1 auf einen Zettel. Geben Sie den Zettel Ihrem linken Nachbarn. Es ist jetzt „sein" Hobby. Die anderen beiden fragen.

A: *(schreibt Zettel)*: Judo
C: Spielen Sie ein Instrument?
D: Machen Sie Sport?
C: Machen Sie einen Ballsport?
D: Fahren Sie Motorboot?
C: Machen Sie Judo?

B: *(liest Zettel)*
B: Nein, ich spiele kein Instrument.
B: Ja, ich mache Sport.
B: Nein, ich mache keinen Ballsport.
B: Nein, ich fahre nicht Motorboot.
B: Ja, Judo ist mein Hobby.

5.3 Arbeiten Sie mit dem Wörterbuch: Wie heißen Ihre Hobbys auf Deutsch? Welche Gegenstände brauchen Sie dafür? Schreiben Sie einen kurzen Text über Ihr Hobby. Was? Wann? Gegenstände? Personen? Lesen Sie vor.

Mein Hobby ist Poker. Ich spiele gern Poker. Ich spiele einmal pro Woche. Ich brauche Spielkarten und einen Spielpartner.

5.4 Wie sieht ihre Woche aus? Tragen Sie mindestens zehn Termine ein (Arbeit, Kurs, Hobbys, Familie, etc.). Verabreden Sie sich dann mit Ihrem Partner / Ihrer Partnerin fürs Kino.

	Mo	Di	Mi	Do	Fr	Sa	So
am Vormittag							
am Nachmittag							
am Abend							

A: Kommst du mit ins Kino?   B: Ja, gerne. Wann?

A: Am Mittwoch Abend?   B: Das geht nicht, da bin ich im Deutschkurs.

A: Am Donnerstag Nachmittag?   B: Das geht nicht, da …

…

INFO Pünktlichkeit: In deutschsprachigen Ländern ist es unhöflich, wenn man zu einer Verabredung zu spät kommt. Als Maximum werden 15 Minuten noch akzeptiert. Wie pünktlich man sein muss, hängt von der Situation ab. Junge Leute sind lockerer als die ältere Generation. Bei einer Einladung zum Essen wird eher Pünktlichkeit erwartet als bei einer Party. Bei beruflichen Terminen muss man absolut pünktlich sein.

6   Personalpronomen Akkusativ

6.1 Hören Sie zwei Telefonate und ergänzen Sie die Texte. Machen Sie eine Grammatiktabelle im Heft.

S̶i̶e̶ – sie – uns – es – euch – sie – mich – ihn – dich

A   **Christiane:** Siehst du Britta und Thorsten heute noch?
Daniela: Ja, ich treffe .... um sechs im Café.
Christiane: Das ist prima. Sie sind nicht zu Hause.
Sag doch bitte Britta, ich rufe .... morgen an.

B   **Daniela:** Wir sehen .... nicht mehr.
Kerstin: Warum seht ihr .... nicht mehr?
Liebt Frank .... nicht mehr?
Daniela: Er liebt .... noch.
Aber ich liebe .... nicht mehr.
Und er versteht .... nicht.

Person	Nominativ	Akkusativ
1. Person Singular	ich	mich
…	…	…
3. Person Plural	sie/Sie	sie/Sie

6.2 Liebesbrief? Ergänzen Sie den Text mit den Personalpronomen im Akkusativ.

Liebe Daniela,

ich brauche d............! Liebst du m............noch?
Liebst du m............oder liebst du i........., diesen Professor?
Denk an m .... und an d ...., denk an u............ beide.
Wir lieben u .... doch, oder? Oder liebt ihr e .... ?
Hast du mein Fußball-Trikot mit den Unterschriften der National-Elf? Ich suche e......... schon seit drei Tagen.
Am Wochenende fahre ich ins Stadion. Und ohne Trikot mögen meine Fußballfreunde m .... nicht mehr. Ich ruf d............ an. Denk an m........ , dein Frank

So geht's

Kommunikation

<table>
<tr><td>die Uhrzeit erfragen</td><td colspan="2">die Uhrzeit nennen</td></tr>
<tr><td>Wie spät ist es?

Wann fängt der Film an?</td><td>Es ist genau halb sieben.

Um Viertel nach acht.</td><td></td></tr>
</table>

<table>
<tr><td colspan="2" align="center">sich verabreden</td><td></td></tr>
<tr><td>
A: Hallo Doris, ich gehe heute Abend ins Kino. Kommst du mit?
B: Ja, gerne. Was läuft denn?
A: Eine Komödie.
B: Prima. Wann denn?
A: Um acht.
B: Treffen wir uns um halb acht bei dir zu Hause?
A: O.k., bis dann.
</td><td>
A: Hallo Doris, ich gehe heute abend ins Kino. Kommst du mit?
B: Heute, das geht leider nicht.
A: Und morgen?
B: Morgen ist o.k.
A: Gut, dann bis morgen.
B: Alles klar, Tschüss!
</td><td rowspan="2"></td></tr>
<tr><td></td><td>
Mein Hobby ist Sport.
Ich spiele gerne Tischtennis.
Was ist Ihr Hobby?
</td></tr>
</table>

über Hobbys sprechen

die Wochentage

Montag Dienstag Mittwoch Donnerstag Freitag Samstag Sonntag

in der Woche am Wochenende

Grammatik

Trennbare Verben / Satzklammer

an | fangen

Wann | fängt | der Kurs | an?

Der Kurs | fängt | um 18 Uhr 30 | an.

Fängt | der Kurs um 19 Uhr | an?

A: Wir treffen uns morgen um halb acht.
B: Wie bitte? Ich verstehe nicht.

Personalpronomen Nominativ – Akkusativ

Nominativ	Akkusativ
ich	mich
du	dich
er	ihn
es	es
sie	sie
wir	uns
ihr	euch
sie / Sie	sie / Sie

Einheit 7: *Familie & Verwandtschaft*

— die Familie vorstellen
— Familie in Deutschland und im eigenen Land
— ein Foto beschreiben
— Positionsangaben machen
— Possessivbegleiter im Nominativ und Akkusativ

unsere Tochter

meine Frau

mein Vater

ich

a.

b.

mein Bruder

meine Mutter

c.

d.

1 Wer spricht? Hören Sie die vier Texte. Ordnen Sie die Texte den Bildern zu.

| Fred Feuerstein | Bild .... | Wilhelm Friedemann Bach | .... |
| Lars Brandt | .... | Monika Mann | .... |

2 Welche berühmten Familien kennen Sie? Geben Sie ein Beispiel aus Ihrem Land.

3 Wie viele Personen gehören zu Ihrer Familie? Kreuzen Sie an und vergleichen Sie das Ergebnis mit Ihrem Nachbarn / Ihrer Nachbarin links und rechts.

1	2	3	4	5	6	7	8	9	10–20	20+	50+

1 Meine Familie

B 10.8

1.1 Wer gehört zusammen? Arbeiten Sie zu zweit und ordnen Sie die Wörter zu.

Großvater, Neffe, Sohn, Schwiegertochter, Onkel, Mutter

Großeltern:	Großmutter + *Großvater.*		
Eltern:	.... + Vater	(Ehe)mann + (Ehe)frau	Tante + ...
Kinder:	Tochter + ...	Schwester + Bruder	Cousine + Cousin
	.... + Schwiegersohn	Schwägerin + Schwager	Nichte + ...
Enkel:	Enkelin + Enkel		

1.2 Susanne spricht mit Jorge, einem ausländischen Freund, über ihre Familie. Schauen Sie das Foto an und hören Sie die CD. Wer steht wo? Schreiben Sie die Vornamen.

Susanne / Walter / Florian / Regina / Markus / Ulla / Stefan / Katharina / Thomas / Petra

hinten links   hinten in der Mitte   hinten rechts

vorne links   vorne in der Mitte   vorne rechts

hinten links
....

hinten in der Mitte
....

hinten rechts
....

vorne links
....

vorne in der Mitte
....

vorne rechts
....

1.3 Sprechen Sie jetzt über das Foto. Wer steht wo?

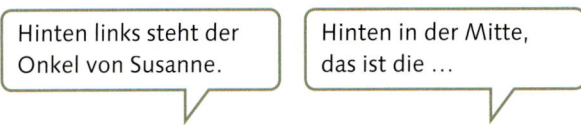

> Hinten links steht der Onkel von Susanne.

> Hinten in der Mitte, das ist die …

1.4 Das ist ein Teil von Susannes Familie aus ihrer Perspektive. Ergänzen Sie bitte die Verwandtschaftsbezeichnungen.

	Walter ⚭ Ulla		
◯ Bernd Regina ◯		Klaus ⚭ Susanne	
Schwager		*ich*	
Kerstin		Florian	Katharina
Nichte			

1.5 Wie sieht die Familie aus der Perspektive von Ulla aus? Erstellen Sie ein System wie in Aufgabe 1.4

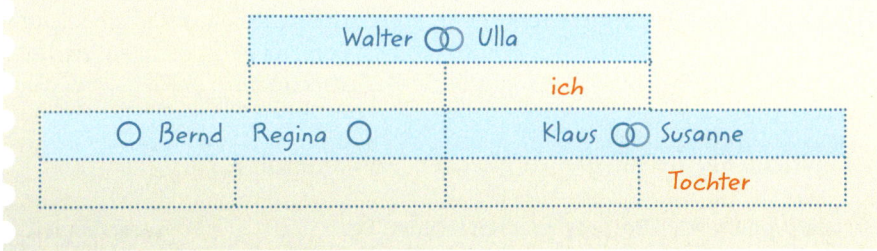

	Walter ⚭ Ulla		
			ich
◯ Bernd Regina ◯		Klaus ⚭ Susanne	
			Tochter

1.6 Zeichnen Sie jetzt einen Stammbaum für Ihre Familie und aus Ihrer Perspektive.

1.7 Fragen an Ihre Familie. Stellen Sie Fragen und antworten Sie wie im Beispiel.

Fragen

1. Wie alt sind Ihre Eltern?
2. Haben Sie einen Bruder oder eine Schwester?
3. Wo wohnen Ihre Großeltern?
4. Wer kann gut singen?
5. Wie heißt Ihr Onkel / Ihre Tante …?
6. Woher kommt Ihr Schwager / Ihre Schwägerin …?
7. Kann jemand ein Instrument spielen?
8. Wie viele Neffen und Nichten haben Sie?
9. Können Ihre Eltern gut kochen?
10. Wie groß ist Ihre Familie?
11. …?

Antworten

Mein Vater ist … und meine Mutter ist …
Ich habe (nur) einen … / zwei …
Meine Großeltern wohnen …

Mein Onkel heißt … / Meine Tante heißt …
Mein Schwager kommt aus …
Ja, mein …
Ich habe …
Nein, aber meine …
Meine Familie ist ….
…

CD 1

2 Possessivbegleiter im Nominativ: mein, dein, ...

2.1 Hören und lesen Sie den Text aus 1.2 noch einmal. Markieren Sie die neuen Formen wie im Beispiel.

J: Das ist also deine Familie?

S: Ja, genau. Das ist meine Familie bei uns zu Hause. Das ist unser Garten. Mein Vater Walter hat da Geburtstag. Er ist jetzt 65 Jahre alt. Er sitzt vorne in der Mitte. Rechts neben Papa sitzt meine Mutter Ulla. Sie ist 58 Jahre alt. Das Kind vor Ulla ist meine Tochter Katharina. Sie ist immer gerne bei den Großeltern. Ihre Oma und ihr Opa sind die Besten. Links neben Papa sitzt meine Schwester. Sie heißt Regina, ist 36 Jahre alt und arbeitet als Sekretärin in Heidelberg. Ihre Tochter ist nicht da.

J: Und ihr Mann?

S: Ihr Mann Bernd lebt jetzt in Norddeutschland. Sie sind geschieden. Hinter Regina steht mein Bruder Markus. Er ist nicht verheiratet, aber er hat eine Freundin. Sie heißt Conny. Markus und seine Freundin haben zwei Söhne. Conny und die Söhne sind nicht auf dem Foto. Neben Markus stehe ich mit Florian. Das ist mein Sohn, er ist jetzt 2 Jahre alt.

S: Dann kommt mein Cousin Stefan und sein Vater Thomas, mein Onkel. Das ist der kleine Bruder von Papa. Er ist 54 Jahre alt. Seine Tochter, also meine Cousine Petra sitzt ganz vorne rechts. Die Mutter von Stefan und Petra ist nicht auf dem Foto. Ihre Eltern sind schon lange geschieden und ihre Mutter lebt jetzt in Frankreich.

J: Hast du noch mehr Verwandte, Susanne?

S: Oh ja, wir sind eine große Familie. Meine Mutter hat zwei Brüder und eine Schwester und die haben wieder viele Kinder. Ich habe viele Cousins und Cousinen. Also unsere Feste sind immer mit vielen Personen, so ca. dreißig Verwandte kommen immer.

J: In Deutschland ist das eine große Familie?

S: Ja, warum fragst du?

J: Ja, weißt du, bei uns ist das eine kleine Familie. Unsere Familien sind groß. Ich zeige dir mal ein Foto, da siehst du dann fast 100 Personen. Alles Verwandte.

2.2 Ergänzen Sie die Tabelle. Vergleichen Sie dann mit S. 78.

C 55-56

Personalpronomen	Possessivbegleiter Nom. Sg.			Possessivbegleiter Nom. Pl.
	der Bruder	das Kind	die Schwester	die Brüder / Kinder / Schwestern
ich		mein	meine	meine Brüder / Kinder / Schwestern
du	dein	dein		dei …
er		sein		se …
sie		ihr		
es	sein	sein	seine	
wir		unser	unsere	
ihr	euer		eure	
sie	ihr	ihr		
Sie	Ihr		Ihre	

2.3 Mein Leben. Schreiben Sie bitte den Text weiter. Tauschen Sie dann Ihre Texte im Kurs und sprechen Sie über Ihre Nachbarin / Ihren Nachbarn.

> Mein Leben
>
> Mein Leben, das ist meine Familie, meine Eltern, mein Bruder, … mein Beruf, meine … . Das ist auch …

2.5 Ein Rätsel: Wer ist das? Arbeiten Sie zu zweit. Ergänzen Sie die Possesivbegleiter und notieren Sie die Namen.

1. _Mein_ Bruder heißt Florian und _____ Mutter Susanne.   1. _Katharina_

2. _____ Schwägerin ist die Frau von Walter.   2. _____

3. Wir sind zwei Kinder. _____ Großeltern heißen Ulla und Walter.   3. _____

4. Seht mal Kinder, das ist _____ Großmutter.   4. _____

5. Sie hat eine Tochter. _____ Eltern heißen Walter und Ulla.   5. _____

6. _____ Schwager ist 54 Jahre alt.   6. _____

7. _____ Cousinen heißen Susanne und Regina.   7. _____

8. Wir sind noch nicht 40, und _____ Vater ist schon 65.   8. _____

9. _____ Bruder heißt Stefan und Markus ist _____ Cousin.   9. _____

2.6 Erklären Sie nun Ihr Familienfoto.

> Ganz hinten sind …

> Meine Tante steht links neben Maria.

2.7 Das Mein-dein-Spiel.

1. Jeder Kursteilnehmer /Jede Kursteilnehmerin legt drei persönliche Gegenstände unter ein Tuch (Uhr, Ring, Kuli …)

2. Sammeln Sie die Wörter für alle Gegenstände an der Tafel.

3. Jetzt beginnt das Spiel. Ziehen Sie einen Gegenstand hervor. Raten Sie: Wem gehört er?

3   Akkusativ wiederholen

3.1 Wiederholung: Wählen Sie einen Satzanfang aus. Schreiben Sie in drei Minuten so viele Akkusativergänzungen wie möglich dazu.

Ich brauche …	Er macht …
Du kaufst …	Wir nehmen …
Wir hören …	Bringen Sie mir …
Ihr esst …	Er schreibt ….
Sie verstehen…	Ich hätte gern …

> *Ich lese die Zeitung / ein Buch / den Satz / diese Aufgabe / den Text / die Namenliste / …*

4   Possessivbegleiter im Akkusativ

B 2.4

4.1 Der NEIN-Typ: Hören Sie zu und lesen Sie mit.

Ich habe kein Glück. Ich habe kein Geld, keinen Computer und keine Frau. Ich habe nur meine Wohnung, meinen Fernseher und meine Mutter. Und meine Probleme.

Du hast jetzt meine Frau, ihren Computer und mein Geld.
Aber du, du hast auch Probleme.
Denn du hast auch ihre Mutter.
Viel Spaß!

4.2 Lesen Sie den Text nun laut.

**4.3 Possessivbegleiter im Nominativ und Akkusativ. Vergleichen Sie die Sätze.
Was fällt Ihnen auf?**

A: Darf ich dir meinen Bruder und meine Schwester vorstellen?

B: Ja, gerne.

A: Das ist also mein Bruder Georg. Und das ist meine Schwester Tina.

B: Hallo, guten Tag. Ich bin Ludmilla.

4.4 Füllen Sie diese Lücken aus.

1. Ich sehe morgen m ....Vater.

2. Besuchst du d .... Onkel?

3. Susanne liebt i .... Klaus.

4. Holt Jorge s .... Sohn ab?

5. Mario liebt s .... Bruder.

6. Wann sehen wir u .... Enkel?

7. Ihr besucht e .... Großeltern!

8. Die Chaptals besuchen i .... Verwandten.

4.5 Possessivbegleiter im Nominativ und Akkusativ. Ergänzen Sie die Regel.

Akkusativ und Nominativ sind fast immer gleich.

Ausnahme: Maskuline Nomen im Singular (z.B. der Bruder, der Lehrer, der Kaffee ...)
Im Akkusativ haben sie die Endung ....

C 55-56

4.6 Schlagen Sie die komplette Tabelle auf Seite 78 nach.

5.1 Familie – was ist das? Betrachten Sie die Fotos. Arbeiten Sie zuerst zu zweit. Sammeln Sie dann Ihre Ergebnisse in der Klasse.

> Vater + Mutter + Kind
> Vater + Mutter + Verwandte
> Mutter + Kind
> Freunde
> (Ex-)Frau / Mann
> Eltern
> Kollegen
> …

Meine Familie, das bin ich und meine Tochter.

Zu meiner Familie gehören meine Frau, unsere Eltern, unsere …

5.2 Lesen Sie die Überschrift. Sammeln Sie in der Gruppe. Worum geht es?

> Familie in Deutschland heute: Eine Reportage.

5.3 ... verstehen Sie? Die Informationen links helfen Ihnen.

Ostdeutschland – Westdeutschland

Prozent: %

Osten: Ostdeutschland
= Ex-DDR

Fast halbiert: **– 50%**

Zwei Drittel weniger: $-\frac{2}{3}$

Etwa die Hälfte: ca. 50%

im Schnitt: Ø Durchschnitt

Mit abnehmender Tendenz:
immer weniger

Die Deutschen werden immer älter und haben immer weniger Kinder. Dieser   1
Trend ist in den letzten 10 Jahren deutlich zu beobachten. 1990/1991 sind nur   2
18 Prozent der Ostdeutschen (West: 37 %) kinderlos. Im Jahr 2000 bleiben ein   3
Drittel der Frauen (Jahrgang 1965) in Westdeutschland ohne Kinder. Im Osten   4
sind es nur 25 %. Die Zahl der Geburten hat sich im Osten seit 1989 fast halbiert.   5
Die finanzielle Situation ist schwieriger. Die Attraktivität, Kinder zu haben nimmt   6
ab. Deutlich ist auch der Trend bei den Heiraten: Schon 1990 heiraten in Ost-   7
deutschland fast zwei Drittel weniger als vor 1989.   8
    9

Verliebt, verlobt, verheiratet – geschieden   10
    11

Nur 18 Prozent der Menschen in Deutschland leben allein. Im Jahr 2000 leben   12
54% in Familien mit Kindern. In Westdeutschland heiraten 82 Prozent, in   13
Ostdeutschland 71 Prozent, wenn ein Kind kommt. In Deutschland lassen sich   14
aber auch mehr als 50 Prozent scheiden (Jahr 2002). Ca. 19% der Familien haben   15
ein Kind, etwa die Hälfte haben zwei Kinder und ca. 31% haben mehr als   16
zwei Kinder. Laut Statistik hat jede Frau in Deutschland im Schnitt 1,36 Kinder.   17
    18

Die traditionelle Familie   19
    20

Es gibt sie, die traditionelle Familie. Wenn auch mit abnehmender Tendenz in   21
den Städten. Aber in ländlichen Regionen wachsen über 90 Prozent der Kinder   22
bei verheirateten Eltern auf. In Deutschland wird tendenziell zweierlei Leben   23
gelebt, Variante A mit Kindern in ländlichen Gebieten, Variante B ohne Kinder   24
in den Städten.   25

5.4 Ergänzen Sie die Sätze mit den Informationen aus dem Text.

19 > 31 Prozent > 37 % > Hälfte > 50 > 66 > 90

1. In Westdeutschland haben ....im Jahr 1990/91 keine Kinder.
2. Manche Familien haben 3, 4, 5 und mehr Kinder. Das sind aber nur .... der Familien.
3. Etwa die .... der Ehepaare lassen sich wieder scheiden.
4. Kinder auf dem Land haben zu ....Prozent Eltern, die verheiratet sind.
5. Etwa .... Prozent der Familien haben ein Kind.
6. Seit 1989 gibt es im Osten fast ....Prozent weniger Geburten und ca. .... Prozent weniger Hochzeiten.

5.5 Lesen Sie den Text 5.3 noch einmal. Sortieren Sie die Zahlen
und Zahlwörter in Gruppen.

Zahlen	Datum	Zahlwörter	Tendenzen
10	1990	ein Drittel	älter
18	2000		weniger
37			

5.6 Beantworten Sie die Fragen für Ihr Land. Der Redemittelkasten hilft.

1. Wo leben alte Menschen?
2. Wann heiraten Paare?
3. Wie leben Familien in der Stadt / auf dem Land?
4. Wie viele Kinder hat eine Familie heute im Schnitt?
5. Was ist eine traditionelle Familie?
6. Wie lange lebt ein Kind bei den Eltern?

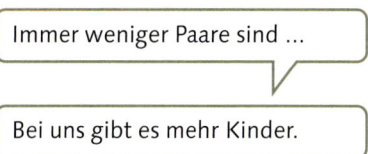

Immer weniger Paare sind …

Bei uns gibt es mehr Kinder.

Wo?	Wie viel? (+)	Wie wenig? (-)	Wer?	Was?
Bei uns gibt es … In meiner Heimat … In der Stadt / Auf dem Land …	(immer) mehr … viele Menschen … mehr Kinder … zwei Drittel (mehr) Sehr viele	(immer) weniger … nur … Prozent weniger Kinder … ein Drittel (weniger)	Wir Junge Leute Alte Menschen (Ehe)Paare	sind verheiratet sind geschieden leben in der Familie wohnen bei den Eltern leben alleine / sind Singles leben bei den Kindern wollen (keine) Kinder

5.7 Wählen Sie zwei Stichworte zum Text aus und schreiben Sie je einen Satz.

1,36 Kinder > allein leben > in der Stadt > 50% geschieden > 3 Kinder und mehr >
wenn ein Kind kommt > Situation ist schwieriger

Viele Familien leben in den Städten ohne Kinder.

6 Wörter systematisch lernen

A 10.3

6.1 Wiederholen Sie die Familienwörter. Schreiben Sie die Wörter in Paaren
auf Karten und fragen Sie sich gegenseitig.

vorn

hinten

Vater und …

… Mutter

Cousin und …

… Schwägerin

6.2 Schreiben Sie zu zweit weitere Lernkarten zu einem anderen Thema / zu anderen
Wörtern. Tauschen Sie die Karten zum Lernen und Üben im Kurs.

1. Adjektive   leicht und schwer, schnell und …
2. Verben   hören und …

So geht's

Kommunikation

die eigene Familie vorstellen

Verwandte benennen	*Personen / Verwandte beschreiben*	*den Familienstand benennen*
Vater / Mutter Bruder / Schwester (Geschwister) Oma / Opa …	Das ist / sind … Er ist … Jahre alt. Sie arbeitet als … Sie wohnen in … Sie haben eine Tochter / einen Sohn / x Kinder. …	Er ist (mit …) verheiratet. Sie sind geschieden. Sie leben getrennt. … lebt allein. Er / Sie ist Single. …

Grammatik

Possessivbegleiter im Nominativ und Akkusativ

Singular	Maskulinum *(der Bruder)*		Neutrum *(das Kind)*		Femininum *(die Schwester)*	
	Nom.	**Akk.**	**Nom.**	**Akk.**	**Nom.**	**Akk.**
ich	mein	meinen	mein		meine	
du	dein	deinen	dein		deine	
er	sein	seinen	sein		seine	
es	sein	seinen	sein		seine	
sie	ihr	ihren	ihr		ihre	
wir	unser	unseren	unser		unsere	
ihr	euer	euren	euer		eure	
sie	ihr	ihren	ihr		ihre	
Sie	Ihr	Ihren	Ihr		Ihre	
Plural	**Nominativ**					
	meine, deine, seine, seine, ihre, unsere, eure, ihre, Ihre … Brüder, Kinder, Schwestern					
	Akkusativ					
	meine, deine, seine, seine, ihre, unsere, eure, ihre, Ihre … Brüder, Kinder, Schwestern					

Lernen lernen

A 11

Sie sind mit Einheit 7 fertig.
In der Lektion gibt es viele neue Wörter und Ausdrücke.
Lesen Sie die Lerntipps **a.** bis **c.** und vergleichen Sie
mit den Kästen Kommunikation.

a. Wörter in Paaren lernen

b. Wörter in Gruppen / Themen lernen

c. Redemittel in Situationen lernen

Einheit 8: *Kleider machen Leute*

- — Orientierung im Kaufhaus
- — sagen, was einem (nicht) gefällt
- — über Kleidung sprechen
- — Größen, Preise, Farben
- — Richtungsangaben
- — Präpositionen mit Dativ: *wo?*
- — *welch-* /*dies-* im Nominativ

Mütze

Anzug

Bluse

Pullover

Mantel

Hut

Jacke

Kleid

Schal

Hemd

T-Shirt

Rock

Top

Hose

Schuhe

1 Welche Kleidungsstücke kennen Sie? Arbeiten Sie zu zweit.
Klären Sie so viele Wörter wie möglich.

2 Wie heißen die Artikel und der Plural von den Kleidungsstücken?
Schreiben Sie Lernkarten. Die Wortliste im Anhang hilft.

1 Kleidung und Farben

A 17.4

Die Bluse: rot
Der Rock: schwarz
Das Kleid: grau

1.1 Janine verreist. Welche Kleidungsstücke nimmt sie mit? Notieren Sie Kleidungsstücke und Farben.

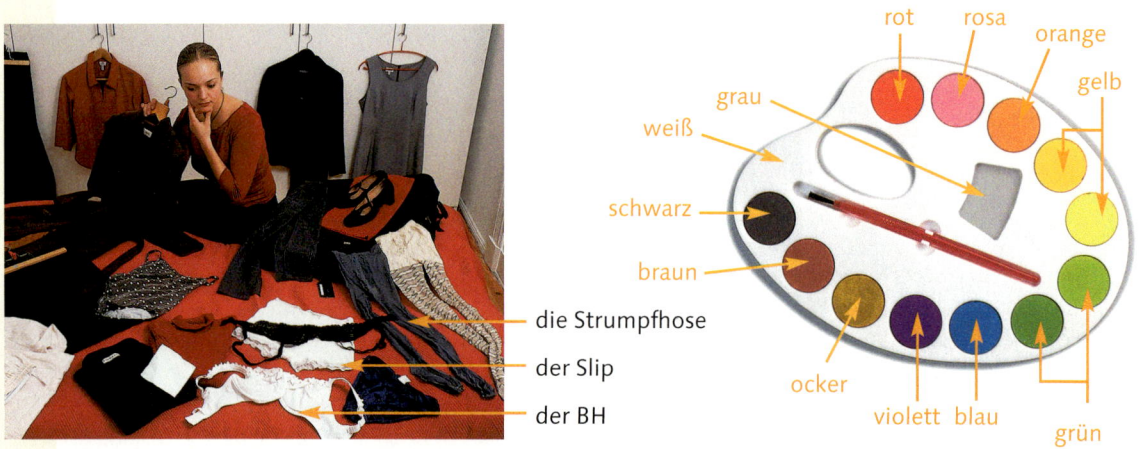

die Strumpfhose
der Slip
der BH

rot · rosa · orange · gelb · grau · weiß · schwarz · braun · ocker · violett · blau · grün

1.2 Wer trägt was? Beschreiben Sie die Personen wie im Beispiel.

Ihr Mantel ist braun.
Ihr T-Shirt ist …

A 15

1.3 Wie kann Kleidung noch sein? Notieren Sie Wörter zu Kleidung wie im Beispiel.

Eigenschaften
bunt – einfarbig
eng – weit
gestreift – kariert
kurz – lang
modisch – praktisch
leicht – dick
kurzärmlig – langärmlig

Mein T-Shirt ist gestreift.

Materialien
aus Baumwolle
aus Wolle
aus Seide
aus Kunstfaser
aus Leder
aus Leinen

1.4 Farben im Kurs – Sehen Sie sich die anderen Kursteilnehmerinnen und Kursteilnehmer genau an. Schließen Sie die Augen. Zwei Personen lassen die Augen offen und fragen, der Kurs antwortet.

Sein Hemd ist kariert. Seine Jacke ist aus Leder. Wer ist …

Wie ist das T-Shirt von …

Welche Farbe hat die Bluse von …?

2 Welch-/dies- im Nominativ

2.1 Zeigen Sie die Gegenstände im Kurs. Sprechen Sie miteinander.

der Kuli	A: Welcher Kuli ist schwarz?	B: Dieser.
das Buch	A: Welches Buch ist das Deutschbuch?	B: Dieses.
die Tasche	A: Welche Tasche ist blau?	B: Diese.
die Schuhe	A: Welche Schuhe sind weiß?	B: Diese.

2.2 Testen Sie Ihr Wissen.

Welcher Turm steht in Berlin?

Welches Bier kommt aus Bayern?

Welches Haus steht in Wien?

Welcher Komponist kommt aus Österreich?

Welche Münze ist aus der Schweiz?

Welche Sängerin kommt aus Deutschland?

2.3 Ergänzen Sie die Tabelle. Finden Sie weitere Beispiele und üben Sie wie in 2.1

der Pullover	das Heft	die Hose	Plural: die Schuhe
Welch**er** .... ?	.... ?	.... ?	.... ?
Dies**er** .... !	.... !	.... !	.... !

C 43/44
C 52

3   Gespräche im Kaufhaus

3.1 Schauen Sie sich das Bild an und hören Sie die Dialoge.

a. Moment, ich habe es auch in 38.

c. Das sieht wirklich sehr gut aus.

e. Hinten links bei den Mänteln.

b. 52 – 58 finden Sie da vorne.

d. Möchten Sie die Jacke in XL probieren?

f. Tut mir Leid, ich habe diesen Pullover nur noch in Grün.

3.2 Wer sagt was? Hören Sie noch einmal und ordnen Sie zu.
Was sagen die Kunden? Was antwortet der Verkäufer?

	Kunde / Kundin	Verkäufer
1.	Entschuldigung, wo sind die Umkleidekabinen?	
2.	Haben Sie die Hose auch in Größe 52?	
3.	Meinen Sie, das Kleid sieht gut aus?	
4.	Die Jacke ist in L aber viel zu klein.	
5.	Gibt es den auch in Blau?	
6.	Das Top ist in Größe 40 zu groß.	

3.3 Kleidung einkaufen. Hören Sie und spielen Sie dann den Dialog zu dritt.

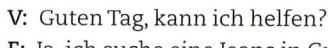
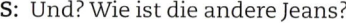

V: Guten Tag, kann ich helfen?
F: Ja, ich suche eine Jeans in Größe 36.
V: Ja, gerne. Ich habe hier zwei Formen.
Probieren Sie die Jeans mal an.
S: Und Fabiane, passt sie?
F: Nein, die ist zu klein. Mist.
Haben Sie diese auch in Größe 38?
V: Ja, Moment.

S: Und? Wie ist die andere Jeans?
F: Die passt gut. Was meinst du, Sandra?
S: Sieht Klasse aus.
F: Au weia, die ist viel zu teuer. 130 Euro.
V: Also, hier ist die Jeans noch einmal in 38.
F: Danke …

F: So, Jeans Nummer drei. Und was denken Sie?
V: Die sitzt gut. Nicht zu eng, nicht zu weit.
Und sie kostet 79,90. Das ist ein Sonderangebot.
S: Ich finde die auch gut.
F: Ja, super. Die nehme ich.

3.4 Hören Sie das Gespräch und beantworten Sie die Fragen.

1. Welches Kleidungsstück sucht Herr Chaptal?
2. Welche Farbe möchte er?
3. Welche Größe hat Herr Chaptal?
4. Wie viel muss Herr Chaptal bezahlen?

3.5 Der Dialog ist durcheinander geraten. Bringen Sie die Dialogelemente wieder in die richtige Reihenfolge und schreiben Sie den Dialog ins Heft.

A: Guten Tag, ich suche einen Anzug.

B: Gerne, welche Größe?

A: ...

Verkäufer	Herr Chaptal
1. Gerne, welche Größe?	**a.** Gut. Dann nehme ich den Anzug.
2. Und welche Farbe?	**b.** Danke.
3. Probieren Sie diesen Anzug. Die Umkleidekabinen sind hier links.	**c.** Größe 52.
	d. Ja, ich glaube schon.
4. Und? Passt der Anzug?	**e.** Ja, ich finde ihn auch schön.
5. Ja natürlich, der sieht sehr gut aus.	**f.** In Blau. Dunkelblau.
6. 198 Euro. Er ist aus 100 Prozent Wolle.	**g.** Was kostet der Anzug?
7. Gerne, vorne links ist die Kasse.	**h.** Guten Tag, ich suche einen Anzug.

3.6 Hören Sie jetzt den Dialog noch einmal zur Kontrolle.

3.7 Einen Dialogbaukasten selbst machen.
Ordnen Sie die Redemittel wie im Modell im Heft.

B 15

nach einem Kleidungsstück fragen		
Ich suche	einen Pullover	in Größe 44
Haben Sie	den / diesen Pullover	in Rot

fragen, ob ein Kleidungsstück gefällt/passt/...
Wie sieht der Pullover aus?

sagen, dass ein Kleidungsstück (nicht) gefällt/passt ...
Sehr gut!

3.8 Arbeiten Sie zu zweit. Schreiben Sie kleine Dialoge zum Einkaufen.
Ihre Dialogbaukästen helfen.

4 Orientierung im Kaufhaus

4.1 Sehen Sie das Bild an. Wie viele Orte / Abteilungen finden Sie im Kaufhaus? Was fehlt?

> Bei uns gibt es immer einen Frisör.

SSV zusätzlich **30%** Rabatt auf alle bereits reduzierten Sommerartikel
Damenkonfektion / Herrenkonfektion / Kinderkonfektion und Herren-Hemden vom 29.07 bis zum 31.07.0

TOP PREISE

Im zweiten Stock:
> Hauptkasse
> Restaurant / Café / Telefon
> Herrenschuhe
> Herrenmoden > Sportabteilung

Im ersten Stock:
> Young Style > Junge Mode
> Damenschuhe > Damenabteilung
> Tisch- und Bettwäsche /
Gardinen / Frottierware
> Kinderabteilung / Spielwaren

Im Erdgeschoss:
> Lederwaren / Taschen
> Parfümerie / Kosmetik
> Information
> Uhren und Schmuck
> Hifi- und TV-Center
> Musikabteilung > Toiletten

Im Untergeschoss:
Haushaltswaren > Lebensmittel
Geldautomat > Schlüsseldienst

4.2 An der Information. Hören Sie die Dialoge und sprechen Sie mit verteilten Rollen.

B 21.1

A: Entschuldigung, wo ist der Fahrstuhl?
B: Gehen Sie nach rechts. Hinter der Musikabteilung ist ein Fahrstuhl.
A: Danke.

A: Bitte, wo finde ich Spielzeug für Kinder?
B: Eine Treppe rauf, im ersten Stock.
A: Danke schön.

A: Ich suche die Toiletten.
B: Die Toiletten sind hier vorne links.
A: Vielen Dank!

A: Entschuldigung, gibt es hier ein Telefon?
B: Ja, im Restaurant. Und vor dem Kaufhaus stehen Telefone.

A: Haben Sie Weingläser?
B: Ja, fahren Sie runter. Gehen Sie nach rechts. Ganz hinten ist die Haushaltsabteilung.

A: Gibt es hier ein Café?
B: Ja, unser Restaurant hat ein Café. Im zweiten Stock, links neben der Rolltreppe.

fragen, wo etwas ist		sagen, wo etwas ist	
Entschuldigung, wo ist …	das Café?	… finden Sie …	im ersten/zweiten Stock
Bitte, wo sind …	die Toiletten?	… ist …	im Erdgeschoss / Untergeschoss
Wo finde ich …	ein Telefon?		in der Herrenabteilung / im Restaurant
Wo gibt es …	Lebensmittel?		neben der Rolltreppe
Haben Sie …	Pfannen?		vor der Kinderabteilung
	Anzüge?		hinter der Parfümerie
	DVDs?		
	Kleider?	Gehen Sie nach …	hinten / vorne
	Damenschuhe?	Gehen Sie (hier)	links ← rechts → geradeaus
	einen Fußball?	Fahren / Gehen Sie …	die (Roll)Treppe rauf ↑ runter ↓

4.3 Schreiben und spielen Sie Dialoge wie in 4.2.
Der Dialogbaukasten hilft.

> Entschuldigung,
> wo ist das Café?

> Fahren Sie die Rolltreppe rauf.
> Das Café ist im zweiten Stock.

4.4 Wo ist was? Ordnen Sie zu: Welche Satzteile aus **A** und **B** gehören zusammen?
Schreiben Sie die Sätze ins Heft und vergleichen Sie Ihre Lösungen zu zweit.

A **1.** Die Hauptkasse ist …   **2.** Fußballschuhe findet man …   **3.** Kosmetik gibt es …
4. Einen Fernseher gibt es …   **5.** Der Geldautomat steht …   **6.** Haushaltswaren sind …

B **a.** … in der Parfümerie, neben der Information.   **b.** … im Untergeschoss, vor dem Schlüsseldienst.
c. … im zweiten Stock, neben den Herrenschuhen.   **d.** … unten, neben dem Supermarkt.
e. … in der Sportabteilung, im zweiten Stock.   **f.** … links neben der Rolltreppe, im Erdgeschoss.

4.5 Grammatik entdecken: Wo … ?: Lesen und ergänzen Sie die Beispiele im Kasten.

der Supermarkt	A: Wo gibt es Haushaltswaren?	B: Neben **dem** Supermarkt.
das Café	A: Wo finde ich die Herrenabteilung?	B: Neben **dem** Café.
die Information	A: Wo ist die Parfümerie?	B: Links neben **der** Information.
Pl. die Herrenschuhe	A: Wo ist die Hauptkasse?	B: Neben **den** Herrenschuhen.

> ⚠ **Artikel im Dativ:**
> der > dem   das > d …………   die > …………   Pl. die > den
> ⚠ **in + dem =** …………………
>
> Die Präpositionen **hinter**, **in**, **vor**
> funktionieren wie …

> In der Herrenabteilung. Im 2. Stock
> links neben der Rolltreppe.

4.6 Sie fragen an der Information.
Schreiben und beantworten
Sie fünf Fragen.

> Wo finde ich Anzüge
> und Hemden?

5 Wo ist / steht / hängt / liegt … ?

C 81 **5.1 Janine sucht ihren Strumpf. Wo ist er? Ordnen Sie zu.**

a. auf / über dem Stuhl **c.** neben dem Koffer **e.** in der Kommode **g.** am Schrank

b. unter dem Tisch **d.** vor dem Koffer **f.** hinter dem Radio **h.** zwischen den Büchern

5.2 Präpositionen üben. Wo ist was im Kursraum? Beschreiben Sie. Der Kurs korrigiert.

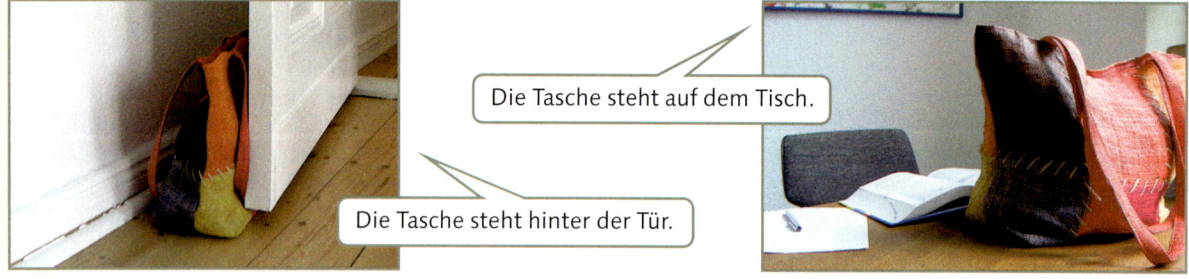

5.3 Lesen Sie die Sätze und markieren Sie die korrekte Variante.

1. Gibst du mir das Kleid? Es hängt
in den / im / in der Umkleidekabine.
2. Bitte zahlen Sie am / an die / an der Kasse.
3. 10 Euro, das ist total billig. 50 Prozent unter
der / unter den / unter dem normalen Preis.

4. Die Information finden Sie links neben
die / der / dem Rolltreppe.
5. Wo ist mein Geld? Ich habe es doch immer
in den / im / in der Mantel. Es ist weg!
6. A: Siehst du Radios? **B:** Ja, da vorne.
Hinter den / hinter die / hinter dem Musik-CDs.

5.4 „… ist … / steht … / hängt … / liegt …"
Schreiben Sie zu jedem Verb einen
Satz und lesen Sie vor.

6 Farben interkulturell

6.1 So sagt man auf Deutsch. Ordnen Sie die Bilder den Sätzen zu.

- [ ] blau wie das Meer
- [ ] rot wie die Liebe
- [ ] weiß wie Schnee
- [ ] schwarz wie die Nacht
- [ ] grün wie das Gras

- [ ] grün vor Neid
- [ ] rot vor Zorn

- [ ] Er sieht alles rosa.
- [ ] Sie sieht alles schwarz.
- [ ] Er fährt schwarz.
- [ ] Sie macht blau.
- [ ] Er ist blau.

6.2 Wie sagt man das bei Ihnen?

6.3 Ein Cartoon: Du schwarz – ich weiß.

So geht's

Kommunikation

nach Kleidungsstücken fragen

Ich suche ein T-Shirt in Größe 38. Ich hätte gerne die Schuhe in Größe 43.	Haben Sie den / diesen Pullover in Braun? Gibt es auch Hosen / Jacken / Blusen aus Seide / Wolle / Leder /...?

fragen, ob ein Kleidungsstück gefällt / passt /...   sagen, dass ein Kleidungsstück (nicht) gefällt / passt ...

Wie sieht der Pullover aus? Wie findest du / Wie finden Sie den Anzug / das T-Shirt / die Jacke? Finden Sie das Kleid gut? / Passt der Mantel? Mögen Sie / Magst du...?	Sehr gut! / Den mag ich nicht. Der / Das / Die ist prima / sieht gut aus. Das sieht (nicht) gut aus. Ja, Sie sehen super aus! / Ja, das sieht Klasse aus. Er / es / sie ist ein bisschen zu lang, zu weit, zu teuer, ...

fragen, wo etwas ist   sagen, wo etwas ist

Entschuldigung, wo ist ...	das Café?	... finden Sie ...	im ersten / zweiten Stock
Bitte, wo sind ...	die Toiletten?	... ist ...	im Erdgeschoss / Untergeschoss
Wo finde ich ...	ein Telefon?		in der Herrenabteilung / im Restaurant
Wo gibt es ...	Lebensmittel?		vor der Kinderabteilung
Haben Sie ...	Pfannen?		hinter der Parfümerie
	Anzüge?		neben der Rolltreppe
	DVDs?		
	Kleider?	Gehen Sie nach ...	hinten / vorne
	Damenschuhe?	Gehen Sie (hier)	links ← rechts → geradeaus
	einen Fußball?	Fahren / Gehen Sie ...	die (Roll)Treppe rauf ↑ runter ↓

Grammatik

welch- / dies- im Nominativ

der / das / die:
welch-er / welch-es / welch-e
> dies-er / dies-es / dies-e

Präpositionen mit Dativ: *wo?*

Einige Präpositionen stehen mit den Verben *sein*, *stehen*, *liegen*, *hängen*, ... mit Dativ.
A: Wo ist meine Jacke??? Liegt sie auf dem Stuhl? **B:** Sieh doch hin. Deine Jacke hängt an der Tür!
Das sind die Präpositionen *auf*, *an*, *über*, *unter*, *vor*, *hinter*, *neben*, *zwischen* und *in*.

Lernen lernen

A 12

mit Lernplakaten arbeiten

Option 2

- ein Lied
- Inhalt der Einheiten 5 – 8 wiederholen
- Phonetik: Rhythmus (Akzente), Melodie (Sätze gliedern),
  Aussprache (langes und kurzes **o**, langes und kurzes **e**,
  e oder **ö**, **i** oder **ü**, Aussprache von **z**, **-tion** und **-ig**)
- Selbstevaluation: Was kann ich?

1 Das Shopping Lied

1.1 Hören Sie das Lied und lesen Sie mit.

1.2 Hören Sie noch einmal und ergänzen Sie die Lücken.

1.3 Wie sieht der Kunde vom Shopping-Lied aus? Beantworten Sie die Fragen und machen Sie eine Zeichnung.

1. Wie alt ist er?
2. Wie groß ist er?
3. Hat er blonde, schwarze, braune, … Haare?
4. Welche Kleidung trägt er?
5. Ist er verheiratet?
6. Welchen Beruf hat er?
7. Hat er Hobbys? Welche?

1.4 Präsentieren und vergleichen Sie Ihre Ergebnisse im Kurs.

H&M und C&A
Find ich einfach wunderbar
Hosen, ... , T-Shirts, ...
Halte ich in meinen Händen

1. Stock. Hier ist nichts los
2. Stock: Was such ich bloß?
Ha, ein Schnäppchen, her damit
Ich will dich jetzt, du geiles ....

*Jede Woche muss ich raus
in mein geliebtes Kaufhaus
Kaufrausch*

Schlange an der .... stehen
Kann das nicht mal schneller gehen?
Siebzig Euro? Klar. Sofort
Einkaufsbummel ist mein ....

Zu Hause ist das Hemd zu ....
Das darf doch wohl nicht wahr sein
Welch ein Ärger, dieser Schreck
Meine Kohle weg – weg – weg

Egal, na ja und darum
Muss ich nächste Woche wieder raus
In mein geliebtes Kaufhaus

*Jede Woche muss ich raus
in mein geliebtes Kaufhaus
Kaufrausch …*

2 Tischtennis

Spielen Sie eine Runde Tischtennis.

Spielregeln:

1. Arbeiten Sie in zwei Gruppen.

2. Sie haben 15 Minuten Zeit.
Schreiben Sie 10 Aufgaben zu den
Einheiten 1 bis 8.

Beispiele:
Grammatik: Wie heißt der Artikel von Milch?
Informationen aus dem Buch: Was isst
Frau Müller gern?
Landeskunde: Wo steht die Semperoper?
Wortschatz: Was ist das Gegenteil von schnell?

3. Jede Gruppe legt eine Münze auf ihr Feld.

4. Gruppe 1 stellt die erste Frage und …

… Gruppe 2 antwortet richtig: Gruppe 2
bekommt den Aufschlag, d.h. Gruppe 2 stellt
die nächste Frage.

oder:
… Gruppe 2 antwortet falsch: Der Ball fliegt zu
Gruppe 2 ins Feld. Gruppe 1 fragt weiter. Gruppe
2 antwortet wieder falsch: 1:0 für Gruppe 1.

5. Wer zuerst 5 Punkte hat, gewinnt.
Tipp: Sie können dieses Spiel immer wieder
mit ganz verschiedenen Aufgaben spielen.

3 Artikelgymnastik

Artikelgymnastik, ein bisschen Bewegung?

1. Jeder schreibt auf einen kleinen Zettel zwei bis drei
   Nomen ohne Artikel.
2. Die Zettel werden eingesammelt.
3. Der Kurs wird in drei Gruppen geteilt: der-Gruppe,
   das-Gruppe, die-Gruppe.
4. Eine Kursteilnehmerin oder ein Kursteilnehmer
   liest die Nomen vor.
5. Die Gruppe mit dem passenden Artikel steht auf.
6. Wer beim falschen Artikel aufsteht, scheidet aus.
7. Die Gruppe, die am Ende die meisten
   Kursteilnehmer hat, hat gewonnen.

4 Einen landeskundlichen Text lesen

Texte erschließen

Vor dem Lesen
Lesen Sie die Wörter im Kasten. Bilden Sie Hypothesen. Worum geht es in dem Text?

Saison   reduzieren   Prozente   sinken   Kleidung
Preise   Winter   Ende   Sommer
Winter   einkaufen   2 Wochen   gerne einkaufen

Während des Lesens
Lesen Sie den Text und unterstreichen Sie alle Wörter, die Sie kennen.

Schnäppchen-Jäger

Zweimal im Jahr freuen sich die Kunden auf den Einkauf. Im Sommer und im Winter sinken die Preise. Besonders bei der Kleidung. Warum? Es ist Schlussverkauf. Am Ende der Saison (Sommer und Winter) reduzieren viele Geschäfte die Preise. Manchmal bis zu 50 Prozent und mehr. Viele Kunden gehen dann einkaufen. Sie wollen ein Schnäppchen machen, also etwas sehr billig einkaufen. Z.B. eine Bluse für 5 Euro, einen Wintermantel für 30 Euro. Schuhe, Stiefel, Kinderkleidung und andere Waren sind reduziert. Das lohnt sich. Bis 2003 gab es den offiziellen Winter- und Sommer-Schluss-Verkauf (WSV und SSV). Seit 2004 entscheiden die Geschäfte und Kaufhäuser frei. Fast alle machen mit und die Preise sinken wieder. 14 Tage im Sommer und 14 Tage im Winter.

Nach dem Lesen
Steht das so im Text? Kreuzen Sie an.

richtig   falsch

richtig	falsch	
☐	☐	1. Zweimal im Jahr wird Kleidung sehr billig.
☐	☐	2. Alle Produkte kosten die Hälfte.
☐	☐	3. Die Kleidung kostet nur 5 bis 30 Euro.
☐	☐	4. Alle Geschäfte machen den Schlussverkauf.
☐	☐	5. Der SSV dauert 4 Wochen.

Was ist ihr bestes Schnäppchen? Was ist es? Was kostet es?

5   Phonetik: Rhythmus, Melodie und Aussprache

Rhythmus

5.1   Akzente hören und sprechen

a. Hören Sie, sprechen Sie nach und markieren
Sie den Akzent wie im Beispiel.

<u>Fuß</u>ball spielen > im Internet surfen > Yoga machen
ins Theater gehen > Fahrrad fahren > Münzen sammeln

b. Sprechen Sie die Beispiele noch einmal und klatschen Sie:
ein lautes Klatschen für die Akzente und leises Klatschen für alle anderen Silben.

c. Lesen Sie laut, klatschen Sie, markieren Sie den Akzent und kontrollieren Sie dann mit der CD.

ins Kino gehen > Briefmarken sammeln > Gitarre spielen > Skat spielen > Ski fahren
Ich spiele gern Volleyball. > Ich gehe gern in die Disco. > Ich sammle Münzen.

Melodie

5.2   Sätze gliedern

a. Hören Sie, sprechen Sie nach und markieren Sie wie im Beispiel.

Ganz <mark>hin</mark>ten ➔ das ist unser <mark>Haus.</mark>↘

Hinten in der Mitte das ist mein Onkel Klaus. > Vorne in der Mitte steht meine Großmutter.
Der rote Pullover da vorne das bin ich. > Von Montag bis Freitag mache ich einen Sprachkurs.
Am Wochenende gehe ich gerne in die Disko.

b. Erzählen Sie von Ihrer Woche. Benutzen Sie diese Melodie.

Aussprache

Was macht Ihnen Probleme? Bitte wählen Sie aus und üben Sie.

5.3   Das lange und das kurze o: M<u>o</u>ntag und D<u>o</u>nnerstag

a. Hören Sie das lange **o** und sprechen Sie nach.
die B<u>o</u>hne > die D<u>o</u>se > das <u>O</u>bst > die C<u>o</u>la > die Informati<u>o</u>n > <u>O</u>ma und <u>O</u>pa > verl<u>o</u>bt

b. Hören Sie, markieren Sie und sprechen Sie nach. Ist das **o** lang oder kurz?
kosten > Woche > ohne > Sonntag > rot > der Pullover > boxen und joggen
der Rock und die Hose > noch > modisch

5.4   Das lange und das kurze e: l<u>e</u>ben und <u>e</u>ssen

a. Hören Sie das lange **e** und sprechen Sie nach.
l<u>e</u>ben > n<u>e</u>ben > s<u>e</u>hen > die Id<u>ee</u> > der <u>E</u>hemann >
w<u>e</u>r > d<u>e</u>r > woh<u>e</u>r > wie g<u>e</u>ht's

b. Hören Sie, markieren Sie und sprechen Sie nach. Ist das **e** lang oder kurz?
der Schnee > schnell > der Chef > nehmen > sechs > elf > er > es > lesen > wenig > wenn > die Lehrerin

5.5 e oder ö ?

a. Hören und ergänzen Sie.
der N.....ffe > ge.....ffnet > m.....hr > m.... glich > die Gr.... ße > der Fris.... r
die Id.... e > s.... hr > sch.... n > schw.... r

b. Hören Sie noch einmal und
sprechen Sie nach.

5.6 i oder ü ?

a. Hören und ergänzen Sie.
w.....chtig > l.....eben > .....ber > f.....nf > v.....er > f.....r > s....eben
.... ben > B.... er > B ....cher > m ....t > M ....tze > Term ....n > Kost ....m

b. Hören Sie noch einmal und sprechen Sie nach.

5.7 b, d, g am Silbenende

a. Am Wort- oder Silbenende spricht man **b, d, g** wie **p, t, k**.
Bitte hören Sie und sprechen Sie nach.

halb eins > das Obst > ab•holen > das Er•geb•nis > am A•bend > gesund > und
spannend > Guten Tag > mittags > weg•fahren > der Flug•hafen

b. Hören Sie den Unterschied? Bitte hören Sie und sprechen Sie nach.

fra•gen – er fragt	lie•gen – es liegt	zei•gen – sie zeigt	sieben Ta•ge – ein Tag
ge•ben – sie gibt	lie•ber – lieb	ha•ben – ihr habt	blei•ben – er bleibt
die Klei•der – das Kleid	die Bil•der – das Bild	die Freun•din – der Freund	

c. Hören Sie und sprechen Sie nach.

 wenig > billig > richtig > wichtig

⚠ Die Endung **-ig** spricht man meistens **-ich**.

5.8 z liest man im Deutschen wie ts, die Endung -tion spricht man tsion.

Hören Sie und sprechen Sie nach.

die Zahl > zwei > zehn > zwölf > zwanzig > zählen > die Information > die Situation > funktionieren

Zwei Pizza, bitte!

Selbstevaluation

1 Lesen Sie die Aussagen links und bearbeiten Sie dann die Aufgaben rechts.

1. Ich kann einfache Dialoge zum Thema Einkaufen verstehen und sagen, was ich kaufen möchte.	**A:** Guten Tag. Ich h .... gerne ein K .... Tomaten. **B:** Sonst noch etwas? **A:** Ja, eine F.............. Milch, bitte.
2. Ich kann über Preise und Mengen beim Einkaufen sprechen.	**A:** Eine T................ Schokolade, eine D........... Erbsen und 200 G .... Salami, bitte. **B:** Das m .... 14 Euro 20. **A:** Was? Das ist aber t ....
3. Ich kann die Uhrzeiten auf Deutsch sagen.	....
4. Ich kann über meine Hobbys sprechen.	**Nennen Sie drei Hobbys:** **1.** .... **2.** .... **3.** ....
5. Ich kann meine Familie beschreiben und verstehen, wenn jemand über seine Familie berichtet.	**Beschreiben Sie kurz Ihre Familie.** Wie heißen Ihre Eltern / Ihre Geschwister / Ihre Kinder? Wie alt sind sie? Wer arbeitet was?
6. Ich kann sagen, welche Kleidung ich mag / nicht mag.	Die Bluse finde ich ....(+) Diese Stiefel mag ....(-) Der Mantel sieht ....(++)
7. Ich kann sagen, wo etwas ist / steht / liegt.	**Wo sind die Tasche / das Buch / der Mantel?**
8. Ich kann fragen, wo etwas in einem Gebäude ist.	**Schreiben Sie die Fragen auf.** Toilette? Lebensmittel? Restaurant?
9. Ich kann sagen, wo etwas in einem Gebäude ist.	**Beantworten Sie die Fragen aus Aufgabe 8.**

2 Markieren Sie ✓ für *kann ich* und ◯ für *kann ich nicht so gut*.

3 Korrigieren Sie mit den Lösungen im Anhang. Wie ist Ihr Ergebnis? Ziehen Sie eine Bilanz.

+ +	+	–	– –

Anhang

- Grammatiküberblick, S. 95
- Buchstaben und Laute im Deutschen, S. 98
- Hörtexte, S. 100
- Lösungen, S. 107
- Sprache im Kurs, S. 118
- Eigennamen und Ortsnamen, S. 122
- Alphabetische Wortliste, S. 127

Grammatiküberblick

C 10-15

1 Verben

1.1 Regelmäßige und unregelmäßige Verben: *Personen*

regelmäßige Verben: Der Verbstamm ist bei allen Personen gleich.		**unregelmäßige Verben:** Der Verbstamm ist bei manchen Verbformen verschieden. Deshalb lernt man diese Verben immer mit Stammform.*
Infinitiv: wohn en	**Infinitiv:** arbeit en	**Infinitiv:** sprech en
ich wohne	ich arbeite	ich spreche
du wohnst	du arbeitest	du sprichst
er/es/sie wohnt	er/es/sie arbeitet	er/es/sie spricht
wir wohnen	wir arbeiten	wir sprechen
ihr wohnt	ihr arbeitet	ihr sprecht
sie/Sie wohnen	sie/Sie arbeiten	sie/Sie sprechen

Wohnst du in Frankfurt?

Er arbeitet bei der Telekom Austria.

Sie spricht Englisch und Spanisch.

C 17

* Die unregelmäßigen Verben haben auch verschiedene Zeitformen.
Das lernen Sie in **eurolingua Deutsch 1** Einheiten 9-16.

1.2 Die Verben **sein** und **haben**

	Infinitiv: sein	Infinitiv: haben
ich	bin	habe
du	bist	hast
er/es/sie	ist	hat
wir	sind	haben
ihr	seid	habt
sie/Sie	sind	haben

Ich (bin) Sekretärin und Julian ist Student. Wir (haben) Zeit.

C 25.1

1.3 Trennbare Verben/Satzklammer

(aus fallen)   (statt finden)

(Fällt) der Unterricht heute (aus)?
Der Unterricht (fällt) heute (aus).
Wann (findet) der Unterricht wieder (statt)?

C 97

Die Verteilung des Verbs auf Position 2 und das Satzende heißt Satzklammer.

C 28 + 38

2 Nomen, Begleiter und Pronomen

C 31-33

2.1 Plural der Nomen
Im Deutschen gibt es verschiedene Pluralendungen,
deshalb lernt man Nomen immer mit Pluralform.

> Die häufigsten Pluralendungen sind **-(e)n** und **-n**.
> Die meisten maskulinen Nomen haben
  im Plural die Endung **-e**.
> Die meisten femininen Nomen haben
  im Plural die Endung **-(e)n**.

Die fünf wichtigsten Pluralendungen sind:

	Singular	Plural
—	der Lehrer	die Lehrer
¨	die Mutter	die Mütter
— e	der Kurs	die Kurse
¨ e	die Nacht	die Nächte
— er	das Kind	die Kinder
¨ er	das Wort	die Wörter
— (e)n	der Name	die Namen
	die Frau	die Frauen
— s	das Auto	die Autos

C 34+36

2.2 Nomen und Artikel: *Nominativ und Akkusativ*

	Maskulinum		Neutrum		Femininum	
	Singular	Plural	Singular	Plural	Singular	Plural
Nominativ	der Mann	die Männer	das Haus	die Häuser	die Frau	die Frauen
	ein Mann	- Männer	ein Haus	- Häuser	eine Frau	- Frauen
Akkusativ	den Mann	die Männer	das Haus	die Häuser	die Frau	die Frauen
	einen Mann	- Männer	ein Haus	- Häuser	eine Frau	- Frauen

Ich (N) hätte gerne einen Liter Milch (A), ein Kilo Kartoffeln (A) und eine Flasche Öl (A).
Kein hat im Nominativ und Akkusativ Singular die gleichen Endungen wie **ein**
(N: kein Mann, kein Haus, keine Frau, A: keinen Mann, kein Haus, keine Frau).
Kein im Nominativ und Akkusativ Plural ist **keine** (keine Männer, keine Häuser, keine Frauen).
Wir (N) haben leider keine Kartoffeln (A).

2.3 Begleiter: Possessivbegleiter

Mit Possessivbegleitern drückt man Besitz oder Zugehörigkeit aus.

	Maskulinum Singular		Neutrum Singular	Femininum Singular	Mask., Neutr. + Fem. Plural
	Nominativ	Akkusativ	Nominativ + Akkusativ	Nominativ + Akkusativ	Nominativ + Akkusativ
ich	mein	meinen	mein	meine	meine
du	dein	deinen	dein	deine	deine
er/es/sie	sein/sein/ihr	seinen/seinen/ihren	sein/sein/ihr	seine/seine/ihre	seine/seine/ihre
wir	unser	unseren	unser	unsere	unsere
ihr	euer	euren	euer	eure	eure
sie/Sie	ihr/Ihr	ihren/Ihren	ihr/Ihr	ihre/Ihre	ihre/Ihre

Sie ruft ihren Bruder an. > Dein Kleid ist schön. > Ich mag unsere Lehrerin. > Sind das Ihre Schuhe?

2.4 Personalpronomen: *Nominativ und Akkusativ*

Nominativ	ich	du	er/es/sie	wir	ihr	sie/Sie
Akkusativ	mich	dich	ihn/es/sie	uns	euch	sie/Sie

Ich denke an ihn. > Verstehen Sie mich?

2.5 Welch- /dies- im Nominativ

der/das/die	welcher/welches/welche	dieser/dieses/diese

3 Präpositionen

Präpositionen mit Dativ (wo?)
Einige Präpositionen stehen mit den Verben **sein**, **stehen**, **liegen**, **hängen** *… mit Dativ.*
Das sind die Präpositionen **auf**, **an**, **über**, **unter**, **vor**, **hinter**, **neben**, **zwischen** *und* **in**.

Wo …?   > Vor dem Supermarkt. > Im Regal. > Hinter dem Restaurant.
> Neben der Hauptkasse. > Vor den Toiletten. > Unter dem Tisch.

Der bestimmte Artikel im Dativ Singular wird zu **dem** (Maskulinum und Neutrum) und **der** (Femininum).
Der bestimmte Artikel im Dativ Plural wird zu **den** (Maskulinum, Neutrum und Femininum).

⚠ in dem → im   ⚠ an dem → am

4 Sätze

4.1 Aussagesatz

Ich	gehe.	
Ich	gehe	oft ins Kino.
Morgen	gehe	ich nicht ins Kino.

4.2 Fragen

Frage			**Antwort**
W-Frage	Wann	beginnt	der Film?	Um acht.
	Wo	wohnst	du?	In Zürich.
Ja/Nein-Frage		Bist	du aus Wien?	Nein, aus Salzburg.
		Arbeitest	du in Leipzig?	Ja.

Buchstaben und Laute im Deutschen

Buchstaben	Laute	Beispiele
a | aa | ah	[aː]	Abend | Staat | fahren
a	[a]	wann, Bank
ä | äh	[ɛː]	spät, Käse | zählen
ä	[ɛ]	Städte
ai	[ai̯]	Mai
au	[au̯]	kaufen, Haus
äu	[ɔy]	Häuser
b | bb	[b]	bleiben, Urlauber | Hobby
-b	[p]	Urlaub
ch	[ç]	ich, möchte, Bücher
	[x]	auch, Buch, kochen
chs	[ks]	sechs, wechseln
d	[d]	danke, Ende, Länder
-d | -dt	[t]	Land | Stadt
e | ee | eh	[eː]	leben | Tee | sehr
e	[ɛ]	gern, wenn
-e	[ə]	bitte, hören
ei	[ai̯]	klein, frei
eu	[ɔy]	neu, heute
f | ff	[f]	fahren, kaufen | treffen
g | gg	[g]	Geld, Tage | joggen
-g	[k]	Tag
-ig	[ɪç]	fertig, wichtig
h	[h]	heute, Haus
-h	–	Ruhe ['ruːə], sehen ['zeːən]
i | ie | ieh	[iː]	Kino | lieben | sie sieht
i	[ɪ]	Kind
j	[j]	ja
k | ck	[k]	Kaffee | dick
l | ll	[l]	lesen | bestellen
m | mm	[m]	Musik, Name | kommen
n | nn	[n]	neu, man | können
ng	[ŋ]	Wohnung, singen
nk	[ŋk]	Bank
o | oo | oh	[oː]	schon | Zoo | Sohn
o	[ɔ]	Sonne

ö | öh	[ø]	sch**ö**n | fr**ö**hlich
ö	[œ]	m**ö**chte
p | pp	[p]	**P**ause, Su**pp**e, Ti**pp**
ph	[f]	Al**ph**abet
qu	[kv]	Qualität
r | rr | rh	[r]	**r**ichtig | korrekt | **Rh**ythmus
-er	[ɐ]	Butt**er**
s	[z]	**s**ehr, **S**onne, rei**s**en
s | ss | ß	[s]	Rei**s** | e**ss**en | wei**ß**
sch	[ʃ]	**Sch**ule, zwi**sch**en
sp-	[ʃp]	**Sp**ort, mit·**sp**ielen
st-	[ʃt]	**St**adt, ver·**st**ehen
t | tt | th	[t]	**T**isch | Kasse**tt**e | **Th**eater
-tion	[tsi̯oːn]	Informa**tion**, funk**tion**ieren
u | uh	[uː]	g**u**t | **U**hr
u	[ʊ]	B**u**s
ü | üh	[yː]	S**ü**den | ber**üh**mt
ü	[y]	Gl**ü**ck
v	[f]	**v**iel, **v**ergessen, **v**erliebt
v	[v]	Akti**v**ität
-v	[f]	akti**v**
w	[v]	**w**ichtig
x	[ks]	bo**x**en
y	[yː]	t**y**pisch
y	[y]	Rh**y**thmus
-y	[i]	Hobb**y**
z | tz	[ts]	**Z**eitung, tan**z**en | Pla**tz**

Hörtexte Hier finden Sie alle Hörtexte, die nicht oder nicht komplett im Buch abgedruckt sind.

8 Kommunikation im Unterricht

8.2 **a.** Wiederholen Sie das bitte.
b. Sprechen Sie bitte langsamer.
c. Ich verstehe das nicht.
d. Lesen Sie bitte den Dialog zu zweit.
e. Ergänzen Sie bitte die Sätze.
f. Lesen Sie bitte den Text.
g. Was heißt ‚cuaderno' auf Deutsch?
h. Machen Sie bitte eine Tabelle im Heft.

Einheit 2: *Erste Kontakte*

Auftaktseite

1 **Volker Schmidt:** Entschuldigung, ist das der Flug aus Bombay?
Passagier: Wie bitte?
Volker Schmidt: Flug LH 757 aus Bombay?
Passagier: Nein, wir kommen aus Rio.
Volker Schmidt: Aha, Danke.

…

Anirvan Dalal: Hallo.
Volker Schmidt: Guten Tag, sind Sie Herr Anirvan Dalal?
Anirvan Dalal: Ja, genau. Guten Tag.
Volker Schmidt: Hallo, Volker Schmidt vom Goethe-Institut Frankfurt. Wie geht's?
Anirvan Dalal: Danke, Herr Schmidt, ganz gut. Ich bin ein bisschen müde.
Volker Schmidt: Na, Herr Dalal, dann fahren wir gleich ins Institut, okay?
Anirvan Dalal: Ja, gerne.

1 Das Alphabet und die Buchstaben

1.2 **a.** z-a-w-a-d-z-k-a   **b.** h-ö-r-e-n   **c.** h-e-i-ß-e-n   **d.** n-y-s-t-r-ö-m
e. s-p-r-e-c-h-e-n   **f.** d-a-l-a-l   **g.** c-h-a-p-t-a-l   **h.** w-o-h-n-e-n

2 Zahlen

2.2 1, 2, 3, 4, 5, 6, 7, 8, 9, 10, 11, 12, 13, 14, 15, 16, 17, 18, 19, 20, 21, 22

2.3 **a.** 22, **b.** 20, **c.** 27, **d.** 26, **e.** 24, **f.** 21, **g.** 23, **h.** 30, **i.** 29, **j.** 28

2.6 30, 31, 32, 40, 43, 50, 60, 70, 78, 80, 90, 99, 100, 101, 200, 213, 316, 417, 521, 600, 708, 853, 999, 1000

3 Am Telefon

3.1 **a.** Die Notrufnummer der Feuerwehr ist eins eins zwei.

b. Die Vorwahl von Dortmund ist null zwei drei eins. Ich wiederhole:
Die Vorwahl von Dortmund ist null zwei drei eins.

c. A Meine Telefonnummer ist fünfhundertsiebenundvierzigsechsunddreißigneunundsiebzig.
B Fünf vier sieben, drei sechs, sieben neun?
A Genau.

d. A Wie ist deine Nummer?
B Neunundachtzig einundsiebzig vierundsechzig null
A Also acht neun, sieben eins, sechs vier null?
B Ja.

e. A: Die Nummer von Thorsten?
B: Ja, die hab' ich. Moment …
Null vier null für Hamburg.
A: Wie?
B: Die Vorwahl ist null vier null.
A: O.k.
B: Und dann sieben null, acht sieben, fünf vier, drei acht.
A: Sieben null acht sieben, fünf vier drei acht. Danke. Tschüss.

f. A: Die wohnen jetzt in der Nähe von München.
B: Hast du die neue Telefonnummer?
A: Ja. Die Vorwahl ist null acht eins drei vier.
B: Null acht eins zwei vier?
A: Nein. Null acht eins, drei vier.
B: O.K.
A: Und die Nummer ist neun drei, fünf acht, sechs drei.
B: Neun drei, fünf acht, sechs drei.
A: Richtig.

3.2 A: Kaiser, Goethe-Institut.
B: Guten Tag Frau Kaiser, hier ist Müller.
A: Hallo Frau Müller, was gibt's?
B: Ich brauche vier Telefonnummern.
A: Ach, Frau Müller … ! Moment, ich hole die Liste … Okay.
B: Wie ist die Telefonnummer von Tom Miller, bitte?
A: Vier null zwei, fünf neun sieben, hier in Frankfurt.
B: Moment. Die Vorwahl von Frankfurt ist null sechs neun. Und dann vier null zwei fünf neun sieben. Ist das richtig: null sechs neun, vier null zwei fünf neun sieben?
A: Ja genau. Und dann?
B: Claudine und Bertrand Chaptal.
A: Die wohnen auch in Frankfurt. Die Telefonnummer ist drei vier fünf sechs acht sieben neun.

B: Drei vier fünf sechs acht sieben neun.
A: Ja.
B: Dann Frau Mariotta.
A: Eleonora Mariotta. Die wohnt in Offenbach. Offenbach hat die gleiche Vorwahl wie Frankfurt, null sechs neun.
B: Null sechs neun, ja?
A: Die Nummer ist sechs fünf sechs fünf zwei drei.
B: Hab' ich. Und dann noch der Neue. Herr Dalal.
A: Herr Anirvan Dalal wohnt in Rüsselsheim. Die Vorwahl ist null sechs eins vier zwei. Und die Nummer zwei eins neun drei sieben vier.
B: Zwei eins neun zwei sieben vier?
A: Nein, die Nummer ist zwei eins neun drei sieben vier.
B: Alles klar, vielen Dank. Tschüss.
A: Auf Wiederhören, Frau Müller.

3.3 A: Kaiser, Goethe-Institut.
B: Guten Tag, mein Name ist Anirvan Dalal.
A: Ach hallo, Herr Dalal.
B: Ich bin neu im Deutschkurs. Ich brauche die Telefonnummer von Frau Müller.

A: Frau Müller. Einen Moment … die Nummer ist 77 58 29.
B: 77 58 29?
A: Ja, genau.
B: Vielen Dank. Auf Wiederhören.
A: Tschüss. …

5 Verneinung mit *nicht*

5.1 Der Ja-Sager
Ja, ich heiße Meier, ich komme aus Deutschland, ich bin 33, ich spreche Deutsch und Französisch, ich bin verheiratet, ich arbeite gern und lerne auch gern.

Der Nein-Sager
Nein, ich heiße nicht Meier, und ich komme nicht aus Deutschland. Ich bin nicht 33. Ich spreche nicht Französisch und auch nicht Englisch. Ich bin nicht verheiratet und ich arbeite nicht gern.

Einheit 3: *Im Café*

5 Norma und Julian

5.2
Julian: Julian Meister.
Norma: Hallo Julian, hier ist Norma. Wie geht's?
Julian: Hallo Norma. Danke, gut. Was machst du morgen Abend?
Norma: Noch nichts.
Julian: Ich gehe ins Kino.

Da kommt ein Film von Wolfgang Petersen. Hast du Zeit?
Norma: Ja. Ich habe Zeit.
Julian: Gehen wir zusammen ins Kino?
Norma: Ja, gerne.
Julian: Ich komme um neun zu dir, okay?
Norma: Ja, super. Bis morgen.

Einheit 4: *Unterwegs in Europa*

Auftaktseite

Quizmaster: Guten Abend liebe Zuschauerinnen und Zuschauer, meine Damen und Herren, herzlich Willkommen zu *Wer wird Millionär?*. Als Kandidatin darf ich heute Frau Elke Schulz begrüßen. ... Frau Schulz, woher kommen Sie?
Kandidatin: Aus Hamburg.
Quizmaster: Was machen Sie beruflich?
Kandidatin: Ich bin Sekretärin. Ich arbeite bei einer Pharma-Firma.
Quizmaster: Gefällt Ihnen die Arbeit?
Kandidatin: Ja, die Arbeit macht mir Spaß.
Quizmaster: Das ist schön. Wir fangen jetzt an. Hier ist Frage Nummer eins: Wie heißt die Hauptstadt von Ungarn? **A** Bratislava, **B** Ljubljana, **C** Budapest oder **D** Amsterdam?
Kandidatin: Das weiß ich. Das ist Budapest.
Quizmaster: Sie nehmen also **C** Budapest?
Kandidatin: Ja. **C**.
Quizmaster: Und das ist richtig. Budapest ist die Hauptstadt von Ungarn. ... Weiter geht es mit Frage zwei: In Rom steht **A** der Buckingham Palast, **B** der Petersdom, **C** der Eiffelturm oder **D** das Brandenburger Tor?
Kandidatin: Also, der Buckingham Palast ist in London, der Eiffelturm steht natürlich in Paris und das Brandenburger Tor ist in Berlin. Also ist der Petersdom in Rom. **B**.
Quizmaster: Gut. Und wieder richtig.

Der Petersdom steht natürlich in Rom. ... Gut. Hier kommt Frage drei: Die Landessprache von Liechtenstein – Frau Schulz – ist **A** Französisch, **B** Niederländisch, **C** Italienisch oder **D** Deutsch?
Kandidatin: Liechtenstein, das ist das kleine Land zwischen Österreich und der Schweiz und da spricht man – glaube ich – Deutsch. Ja, ich nehme **D** Deutsch.
Quizmaster: O.k. Frau Schulz, ... Französisch ist nicht die Landessprache von Liechtenstein. Italienisch ist auch nicht die Landessprache von Liechtenstein, Niederländisch ... ebenfalls nicht. Die richtige Antwort ist Deutsch. Und damit kommen wir zu Frage Nummer vier: Lissabon ist die Hauptstadt von **A** Malta, **B** Zypern, **C** Portugal oder **D** Irland?
Kandidatin: Das ist leicht. Lissabon ist die Hauptstadt von Portugal, **C**.
Quizmaster: Wieder richtig. Frau Schulz, Lissabon ist die Hauptstadt von Portugal. Sie machen das wirklich gut. Ja, trinken Sie erst mal Mineralwasser. So. Frage fünf: Wo steht das Atomium? **A** In Athen, **B** In Brüssel, **C** In Prag oder **D** In Wien?
Kandidatin: Das Atomium – das ist doch so ein komisches Ding, runde Kugeln mit Stäben dazwischen, das müsste in Prag ... im Prater, nee, ach das war ja in Wien. Also der Prater steht in Wien. Das Atomium steht in – Moment – nicht

in Wien. Ich kenne das aus einem Buch.
In Prag? Athen? Brüssel? In Prag. In Prag?
Prag. Ich nehme **C** Prag.
Quizmaster: Sind Sie sicher, Frau Schulz?
Vielleicht hilft ein Joker?
Kandidatin: Also, Wien ist es nicht. Das weiß ich.
Hm. Ich nehme den Fünfzig-fünfzig-Joker.
Quizmaster: Hier kommt er. Es bleiben die
Antworten **B** In Brüssel und **D** In Wien.
Kandidatin: Dann ist es **B** In Brüssel. Ja.
Quizmaster: Gut. Brüssel ist richtig. In Brüssel
steht das Atomium. … Frau Schulz, hier ist
Frage sechs: Wo ist die Europäische Zentralbank?

A In London, **B** In Brüssel, **C** in Zürich oder
D In Frankfurt?
Kandidatin: Die Europäische Zentralbank?
Die Banken sind doch alle in der Schweiz –
England hat noch keinen Euro – Frankfurt?
Nee. Das muss **C** Zürich sein. Ja, **C**. Ich nehme **C**.
Quizmaster: **C** Zürich. Die Europäische Zentral-
bank, Frau Schulz, ist nicht in London. Sie ist
nicht in Brüssel. Sie ist auch nicht in … Zürich.
Sie ist in Frankfurt! Frau Schulz! Schade!
Quizmaster: Es geht weiter mit dem nächsten
Kandidaten nach der Werbung.

Option 1

2 Lotto, 6 aus 49

Ziehung 1: 8, 18, 27, 36, 43, 47, Zusatzzahl 9   Ziehung 2: 5, 9, 13, 17, 23, 31, Zusatzzahl 43
Ziehung 3: 7, 13, 19, 25, 37, 43, Zusatzzahl 31   Ziehung 4: 22, 25, 28, 34, 46, 48, Zusatzzahl 4

4 Diktat

4.1 Ich heiße Bernd Kampmann. Ich komme aus Dortmund. Das liegt im Westen von Deutschland.
Ich wohne jetzt im Süden von Deutschland. Die Stadt liegt etwa 150 Kilometer südöstlich von
Frankfurt. Das Rathaus ist sehr bekannt. Es ist ein Brückenrathaus. Die Stadt liegt nördlich von
Nürnberg. Wie heißt die Stadt?

8 Phonetik: Rhythmus, Melodie und Aussprache

8.5 b. der Osten, östlich | der Norden, nördlich | zählen, zahlen | zurück | natürlich | schon, schön

Einheit 5: *Lebensmittel einkaufen*

Auftaktseite

1 Meine Damen und Herren, sehr geehrte Kunden! Heute im Angebot: Oliven aus Spanien –
100 Gramm-Dose -,79 Cent; Champignons – 300 ml. Glas -,49 Cent; Marmelade, diverse Sorten:
Erdbeere, Kirsche oder Orange – 450 Gramm-Glas -,99 Cent; Vino Bianco, Wein aus Italien –
die Flasche 2 Euro 99 Cent; und 1 kg Birnen für nur -,99 Cent! Sensationelle Preise und super
Qualität, wie immer bei …

2 Einkaufen

2.1 **Frau Müller:** Guten Tag.
Verkäufer: Guten Tag. Sie wünschen?
Frau Müller: Ich hätte gern zwei
Liter Milch.
Verkäufer: Ja. Noch etwas?
Frau Müller: Und ein Kilogramm
Kartoffeln.
Verkäufer: Tut mir Leid, heute haben
wir leider keine Kartoffeln.
Frau Müller: Hm, ja, geben Sie mir
ein Kilo Broccoli.

Verkäufer: Gut. Noch etwas?
Frau Müller: Ja, ich brauche noch Öl.
Verkäufer: Wie viel?
Frau Müller: Ach, geben Sie mir gleich
zwei Flaschen.
Verkäufer: Olivenöl oder Sonnenblumenöl?
Frau Müller: Olivenöl, bitte. Und sechs Eier.
Verkäufer: Gut. Ist das alles?
Frau Müller: Nein, ich brauche noch drei Tafeln
Schokolade. Das ist sehr wichtig.
Verkäufer: Ah ja. Welche Marke?

Frau Müller: „Milka". Ach ja, und noch ein Pfund Kaffee.
Verkäufer: Gerne.
Frau Müller: Das ist alles. Nein, Entschuldigung, bitte noch zwei Beutel Chips. Dann habe ich wirklich alles.

Verkäufer: So,das macht dann 18, 40.
Frau Müller: Bitte.
Verkäufer: Danke. Das sind 20 Euro – und 1, 60 zurück. Danke schön, auf Wiedersehen, schönes Wochenende.
Frau Müller: Danke auch. Auf Wiedersehen.

4 Akkusativ

4.4 **Kunde:** Ich hätt' gern ein' Liter Rotwein.
Frau Müller: Das heißt: einen Liter! … Ähm … drei Tafeln Schokolade … Akkusativ!
Verkäuferin: … nicht Milka?

Einheit 6: *Freizeitaktivitäten*

1 Uhrzeiten

1.3 **Dialog 1:**
A: Kommt jemand mit ins Kino?
B: Was läuft denn heute Abend?
A: Moment mal … im Autokino läuft „Das Dorf", im CinemaXX läuft „Riddick" und „Gegen die Wand", und im Turm läuft „7 Zwerge".
C: Wann beginnen denn die Filme?
A: „7 Zwerge" beginnt um Punkt acht, „Das Dorf" und „Riddick" beginnen um Viertel nach acht, und „Gegen die Wand" beginnt um halb neun.
B: Gut. Gehen wir in „7 Zwerge"?
A: Einverstanden.
C: O.k.

Dialog 3:
A: Was läuft denn heute Abend im Fernsehen?
B: Mal sehen … ja, um Viertel nach acht läuft „Ein Fall für zwei".
A: Der ist sicher spannend. Aber wann ist der Film zu Ende?
B: Um Viertel nach neun.
A: Gut, das geht. Ich stehe nämlich um halb sechs schon wieder auf.

Dialog 2:
A: Kommt jemand mit ins „Las Tapas"?
B: Las Tapas? Was ist denn das?
A: Das ist ein spanisches Restaurant. Man isst dort super!
C: Gute Idee. Ich komme mit.
B: Aber ist das Restaurant heute offen?
A: Ja, es ist von 17 Uhr bis 24 Uhr geöffnet.
B: Prima.

1.6 **2.**
A: Guten Tag. Entschuldigung, wie viel Uhr ist es? Ich komme gerade aus Athen und ich habe noch die griechische Zeit.
B: Hallo. Moment. Es ist genau einundzwanzig Uhr zwanzig – ach nein, Entschuldigung. Ich komme gerade aus Australien. Da ist es zwanzig nach neun. Hier in Frankfurt ist es –
Moment … Ja, zwölf Uhr fünfzig, zehn vor eins ist es hier in Frankfurt.
A: Ja, das kann sein. In Athen ist es jetzt dreizehn Uhr fünfzig, minus eine Stunde, ja klar, zehn vor eins. Vielen Dank! Auf Wiedersehen!

3. 14 Uhr 11, SDR 3, Radiodienst. Meldungen über Verkehrsstörungen liegen uns nicht vor.

2.1 **Dialog 1**
Herr Bilgin: Guten Abend.
Wie spät ist es denn?
Frau Chaptal: Genau halb sieben.

Dialog 2
A: Wann beginnen denn die Filme?
B: „7 Zwerge" beginnt um Punkt acht,
„Das Dorf" und „Riddick"
beginnen um Viertel nach acht.

Dialog 3
A: Mal sehen …, ja, um Viertel nach acht läuft
„Ein Fall für zwei".
B: Der ist sicher spannend. Aber wann ist der
Film zu Ende?
A: Um Viertel nach neun.
B: Gut, das geht. Ich stehe nämlich um
halb sechs schon wieder auf …

Dialog 4
A: Aber ist das Restaurant heute offen?
B: Ja, es ist von 17 Uhr bis 24 Uhr geöffnet.

Dialog 5
A: Wann rufst du an?
B: Um Viertel vor zwölf.

4 Die Woche

4.1 **Mann:** Mein Hobby ist Sport. Ich mache jeden Tag Sport. Meistens abends. Jeden Tag
eine andere Sportart. Meine Woche sieht so aus: Am Montag Abend spiele ich Volleyball.
Von sieben bis neun. Am Dienstag Morgen spiele ich Tennis – mit meinem Chef,
von 7.00 bis 8.00 Uhr. Wir spielen vor der Arbeit. Am Mittwoch spiele ich Basketball und
am Donnerstag Ping Pong – Tischtennis. Mittwoch und Donnerstag fange ich abends um
sechs mit dem Sport an. Meistens spiele ich bis um acht. Am Freitag spiele ich Fußball
mit meinen Arbeitskollegen. Nach der Arbeit, so um halb sechs. Und am Samstag spiele ich
Eishockey. Samstag Nachmittag, so von drei bis etwa um fünf. Nur am Sonntag mache ich
keinen Sport – am Sonntag sehe ich Sport im Fernsehen. Ach ja, und von Montag bis Freitag
arbeite ich auch noch. … Aber nur bis 17 Uhr.

6 Personalpronomen Akkusativ

6.1 **a.** **Daniela:** Daniela Herrmann.
Christiane: Hallo Daniela. Hier ist Christiane.
Siehst du Britta und Thorsten heute noch?
Daniela: Ja, ich treffe sie um sechs im Café.
Christiane: Das ist prima. Sie sind nicht
zu Hause. Sag doch bitte Britta, ich rufe
sie morgen an.
Daniela: Ja, o.k.
Christiane: Danke. Und tschüss!

b. **Daniela:** Daniela Herrmann.
Kerstin: Hallo Danni, Kerstin hier.
Daniela: Hallo Kerstin. Wie geht's?

Kerstin: Gut, danke. Und selbst?
Daniela: Es geht.
Kerstin: Was ist denn? Ist alles in Ordnung?
Daniela: Ach, weißt du, Frank und ich …
Wir sehen uns nicht mehr.
Kerstin: Warum seht ihr euch nicht mehr?
Liebt Frank dich nicht mehr?
Daniela: Er liebt mich noch. Aber ich liebe
ihn nicht mehr. Und er versteht es nicht.
Kerstin: Oje. Und warum liebst du ihn
nicht mehr?
Daniela: Tja, du kennst doch Professor …

Auftaktseite

1 **1.** Wir sind die Familie Feuerstein. Meine Frau Wilma, unsere Tochter Pebbles und ich. Ich fahre mit meinem Freund Barney jeden Tag zur Arbeit. Und am Abend freue ich mich schon auf zu Hause. Wilma kocht für uns alle und Pebbles und ich spielen mit unserem Dinosaurier.

2. Auf dem Foto sieht man unsere Familie. Wir sitzen im Wohnzimmer. Ganz links ist mein Vater, rechts meine Mutter mit mir und meinem Bruder Peter. Ich sehe zum Fotografen. Der fotografiert den Politiker Willy Brandt privat mit Familie. Und Willy Brandt, das ist mein Vater …

3. Wir sind eine Familie mit vielen Musikern und Komponisten. Mein Großvater ist schon sehr bekannt, aber fast alle kennen meinen Vater. Er heißt Johann Sebastian Bach. Mein Vater hat viele Kinder. Ich stehe ganz rechts und in der Mitte stehen zwei Brüder von mir. Wenn Sie genau schauen, sehen Sie unsere Instrumente. Ich habe z.B. eine Violine.

4. Das bin ich mit meiner Familie. Ich sitze rechts. Links sitzen meine Mutter, mein Vater und meine Schwester Erika. Wir alle zusammen sind die Familie von dem Schriftsteller Thomas Mann, meinem Vater. Er ist der Autor von „Buddenbrooks" und „Der Zauberberg". Das Foto ist von 1942.

1 Meine Familie

1.2 **Jorge:** Das ist also deine Familie?
Susanne: Ja, genau. Das ist meine Familie bei uns zu Hause. Das ist unser Garten. Mein Vater Walter hat da Geburtstag. Er ist jetzt 65 Jahre alt. Er sitzt vorne in der Mitte. Rechts neben Papa sitzt meine Mutter Ulla. Sie ist 58 Jahre alt. Das Kind vor Ulla ist meine Tochter Katharina. Sie ist immer gerne bei den Großeltern. Ihre Oma und ihr Opa sind die Besten. Links neben Papa sitzt meine Schwester. Sie heißt Regina, ist 36 Jahre alt und arbeitet als Sekretärin in Heidelberg. Ihre Tochter ist nicht da.
Jorge: Und ihr Mann?
Susanne: Ihr Mann Bernd lebt jetzt in Norddeutschland. Sie sind geschieden. Hinter Regina steht mein Bruder Markus. Er ist nicht verheiratet, aber er hat eine Freundin. Sie heißt Conny. Markus und seine Freundin haben zwei Söhne. Conny und die Söhne sind nicht auf dem Foto. Neben Markus stehe ich mit Florian. Das ist mein Sohn, er ist jetzt 2 Jahre alt.

Dann kommt mein Cousin Stefan und sein Vater Thomas, mein Onkel. Das ist der kleine Bruder von Papa. Er ist 54 Jahre alt. Seine Tochter, also meine Cousine Petra sitzt ganz vorne rechts. Die Mutter von Stefan und Petra ist nicht auf dem Foto. Ihre Eltern sind schon lange geschieden und ihre Mutter lebt jetzt in Frankreich.
Jorge: Hast du noch mehr Verwandte, Susanne?
Susanne: Oh ja, wir sind eine große Familie. Meine Mutter hat zwei Brüder und eine Schwester und die haben wieder viele Kinder. Ich habe viele Cousins und Cousinen. Also unsere Feste sind immer mit vielen Personen, so ca. dreißig Verwandte kommen immer.
Jorge: In Deutschland ist das eine große Familie?
Susanne: Ja, warum fragst du?
Jorge: Ja, weißt du, bei uns ist das eine kleine Familie. Unsere Familien sind groß. Ich zeige dir mal ein Foto, da siehst du dann fast 100 Personen. Alles Verwandte.

3 Gespräche im Kaufhaus

3.1 **1.** **Kunde:** Entschuldigung, wo sind die Umkleidekabinen?
Verkäufer: Hinten links bei den Mänteln.

2. **Kunde:** Haben Sie die Hose auch in 52?
Verkäufer: 52 bis 58 finden Sie da vorne.

3. Kundin: Meinen Sie, das Kleid sieht gut aus?
Verkäufer: Das sieht wirklich sehr gut aus.

4. Kunde: Die Jacke ist in L aber viel zu klein!
Verkäufer: Möchten Sie die Jacke in XL probieren?

5. Kundin: Gibt es den auch in Blau?
Verkäufer: Tut mir Leid, ich habe diesen Pullover nur noch in Grün.

6. Kundin: Das Top ist in Größe 40 zu groß.
Verkäufer: Moment, ich habe es auch in 38.

3.4 **Herr Chaptal:** Guten Tag, ich suche einen Anzug.
Verkäufer: Gerne, welche Größe?
Herr Chaptal: Größe 52.
Verkäufer: Und welche Farbe?
Herr Chaptal: In Blau. Dunkelblau.
Verkäufer: Probieren Sie diesen Anzug. Die Umkleidekabinen sind hier links.
Herr Chaptal: Danke.

Verkäufer: Und? Passt der Anzug?
Herr Chaptal: Ja, ich glaube schon.
Verkäufer: Ja natürlich, der sieht sehr gut aus.
Herr Chaptal: Ja, ich finde ihn auch schön. Was kostet der Anzug?
Verkäufer: 198 Euro. Er ist aus 100 Prozent Wolle.
Herr Chaptal: Gut. Dann nehme ich den Anzug.
Verkäufer: Gerne. Vorne links ist die Kasse.

Lösungen

2.3 Wie heißen Sie? (Ich heiße Ludmilla) Böspflug.
Woher kommen Sie? (Ich komme) aus Russland.
Wo wohnen Sie? (Ich wohne) in Frankfurt.

2.4 **1. A:** Woher kommmen Sie?
2. A: Wie heißen Sie?
3. A: Wo wohnen Sie?
4. A: Wie heißen Sie?
5. A: Woher kommen Sie?

3.2 beginn·en   heiß·en   schau·en   schreib·en   hör·en   sprech·en   les·en
frag·en   antwort·en   begrüß·en   versteh·en

3.3 ich heiße; wir heißen; Wie heißen Sie?

3.4 **1.** komme   **2.** heißen; heiße   **3.** wohnen   **4.** heißen   **5.** ist; wohne   **6.** komme

5.2 woh-nen; Va-ter; kom-men; ver-ste-hen; ant-wor-ten; Deutsch-kurs; Dia-log; Leh-re-rin; lang-sam

5.4 wo > wie > jetzt > Entschuldigung > verstehen > nicht > Deutschkurs > gut
> willkommen > wohnen > Abend > wiederholen > beginnen

6.1 — informieren; attraktiv; Programm;
— manipulieren; -medien;
— Kalkulation; Finanzminister;
— Reform;
— Produktion; Mikrochips; stagnieren;

6.3

Nomen	Verben	Adjektive
Produktion	produzieren	produktiv
Programm	programmieren	
Manipulation	manupulieren	manipulativ
Kalkulation	kalkulieren	
Reform	reformieren	
Stagnation	stagnieren	

6.4 Alle Nomen schreibt man groß.   Internationale Nomen auf Deutsch enden oft auf –ion.
Adjektive schreibt man klein.   Internationale Adjektive enden oft auf –iv.

6.5 dekorativ = Adjektiv; Kommunikation = Nomen;
explosiv = Adjektiv; musizieren = Verb; Sensation = Nomen

7.2 das Radio > der Stuhl > das Auto > das Foto > die Kommunikation > die Sensation

7.3 — der Dialog > die CD > der Name > das Radio > die Zeitung
— *5 Bilder fehlen zu:* der Kurs > die Frage > das Verb > das Heft > das Auto

8.1 lesen > schreiben > fragen und antworten > ergänzen > hören > markieren

8.2 **1.** K   **2.** K   **3.** K   **4.** L   **5.** L   **6.** L   **7.** K   **8.** L

Einheit 2: Erste Kontakte

A1 **1.** Nein   **2.** Aus Rio.   **3.** Ja   **4.** Danke, ganz gut.

1.2 **1.** Zawadzka   **2.** hören   **3.** heißen   **4.** Nyström   **5.** sprechen   **6.** Dalal   **7.** Chaptal   **8.** wohnen

2.1 1 *eins* | 2 *zwei* | 3 *drei* | 4 *vier* | 5 *fünf* | 6 *sechs* | 7 *sieben* | 8 *acht* | 9 *neun* | 10 *zehn* | 11 *elf* |
12 *zwölf* | 13 *dreizehn* | 14 *vierzehn* | 15 *fünfzehn* | 16 *sechzehn* | 17 *siebzehn* | 18 *achtzehn* |
19 *neunzehn* | 20 *zwanzig* | 21 *einundzwanzig* | 22 *zweiundzwanzig*

2.3 **c.** 27 *siebenundzwanzig*   **d.** 26 *sechsundzwanzig*   **e.** 24 *vierundzwanzig*   **f.** 21 *einundzwanzig*
g. 23 *dreiundzwanzig*   **h.** 30 *dreißig*   **i.** 29 *neunundzwanzig*   **j.** 28 *achtundzwanzig*

2.6 31 *einunddreißig* | 32 *zweiunddreißig* | 43 *dreiundvierzig* | 50 *fünfzig* | 78 *achtundsiebzig* |
80 *achtzig* | 90 *neunzig* | 99 *neunundneunzig* | 200 *zweihundert* | 213 *zweihundertdreizehn* |
316 *dreihundertsechzehn* | 417 *vierhundertsiebzehn* | 521 *fünfhunderteinundzwanzig* |
600 *sechshundert* | 708 *siebenhundertacht* | 853 *achthundertdreiundfünfzig* |
999 *neunhundertneunundneunzig*

3.1 **a.** 112   **b.** 0231   **c.** 547 36 79   **d.** 89 71 64 0   **e.** 040 / 70 87 54 38   **f.** 08134 / 93 58 63

3.2 **1.** 069 / 40 25 97   **2.** 069 / 3 45 68 79   **3.** 069 / 65 65 23   **4.** 06142 / 21 93 74

4.1 **2.** komme   **3.** wohne   **4.** heißen   **5.** Kommen   **6.** spreche   **7.** Sprechen   **8.** wohnen
9. Heißen   **10.** sprechen   **11.** Hören   **12.** Kennen   **13.** markieren   **14.** kommen

4.2 *Aussagesatz:*   Nr. 1, 2, 3, 6, 10, 13
W-Frage: Nr. 4, 8, 14
Ja / Nein-Frage: Nr. 5, 7, 9, 11, 12

4.3 Im Aussagesatz steht das Verb immer auf Position 2.
In der W-Frage steht das Verb immer auf Position 2.
In der Ja/Nein-Frage steht das Verb immer auf Position 1.

4.6 **Beispiel**
1. Wo wohnen Sie?   **4.** Sprechen Sie Englisch?   **7.** Wie ist die Telefonnummer?
2. Lernen Sie Deutsch?   **5.** Sind Sie Herr Müller?   **8.** Kommen Sie aus Frankfurt?
3. Wie heißen Sie?   **6.** Woher kommen Sie?   **9.** Wohnen Sie in Berlin?

5.1 Nein, ich heiße nicht Meier und ich komme nicht aus Deutschland. Ich bin nicht 33. Ich spreche
nicht Französisch und auch nicht Englisch. Ich bin nicht verheiratet und ich arbeite nicht gern.

5.3 **1.** Ich heiße nicht Meier.   **5.** Ich spreche nicht Englisch.
2. Sie kommen nicht aus Berlin.   **6.** Svetlana heißt nicht Miller.
3. Wir wohnen nicht in Wien.   **7.** Ich arbeite nicht bei Siemens.
4. Frau Buarque fährt nicht nach Dänemark.

Einheit 3: *Im Café*

A2 Kaffee, Mineralwasser, Apfelsaft, Orangensaft, Cola

1.1 C – A – B

1.2 **a.** A: Was nimmst du?   **b.** A: Zahlen, bitte.
     B: Kaffee. Du auch?   B: Kakao und Mineralwasser.
     A: Nein. Ich nehme Tee.   Das macht zwei Euro neunzig.

     b. A: Guten Tag. Was möchten Sie trinken?   A: Hier sind drei Euro.
        B: Guten Tag. Ich möchte Espresso, bitte.   B: Und zehn Cent zurück.
        A: Espresso, gern. Möchten Sie auch   A: Danke. Und das ist für Sie.
        etwas essen?   B: Danke sehr. Auf Wiedersehen.
        B: Ja, Pizza, bitte.

2.1 der Tee, der Apfelsaft, das Bier, der Orangensaft, das Sandwich,
der Rotwein, die Cola, der Espresso, die Pizza, der Kaffee, der Salat

2.2 **Nomen:**   -r Salat | -s Café | -e Pizza | -r Apfelsaft | -r Euro | -e Cola | -r Kakao | -r Orangensaft |
              -s Sandwich | -r Kaffee | -e Speise | -s Mineralwasser | -s Bier | -e Kellnerin |
              -s Getränk | -r Espresso | -r Kellner | -r Wein

     Verben: du nimmst (nehmen), ich trinke (trinken), ich mag (mögen),
              ich nehme (nehmen), ich esse (essen), ich zahle (zahlen)

     andere Wörter: zurück, auch, bitte, neunzig, nein, vierzig, eins, was,
                         danke, ja, drei, sieben, sechzig

3.3 **2.** Das ist ein Roman.   **h.** Der Roman heißt „Der Vorleser".
     3. Das ist eine Telefonnummer.   **f.** Die Telefonnummer ist 38 27 82.
     4. Das ist ein Wort.   **b.** Das Wort hat zehn Buchstaben.
     5. Das ist eine Stadt.   **a.** Die Stadt liegt in Österreich.
     6. Das ist ein Verb.   **c.** Das Verb heißt „lesen".
     7. Das ist ein Buch.   **e.** Das Buch ist ein Wörterbuch.
     8. Das ist eine Sekretärin.   **d.** Die Sekretärin heißt Frau Kaiser.

3.5 **1.** Das ist kein Anfängerkurs.   **5.** Das ist keine Stadt.
     2. Das ist kein Roman.   **6.** Das ist kein Verb.
     3. Das ist keine Telefonnummer.   **7.** Das ist kein Buch.
     4. Das ist kein Wort.   **8.** Das ist keine Sekretärin.

3.6 **bestätigen**   **verneinen**
Ja, das ist der Flug aus Bombay.   Nein, das ist nicht der Flug aus Bombay.
Ja, das ist ein Buch.   Nein, das ist kein Buch.

4.1 Wie heißt ihr? | Wie heißen Sie?

4.2 **1.** A: Woher kommst du?   B: Angola. Und woher kommst du?
     2. A: Was mögen Sie?   B: Ich mag Apfelsaft. Und was mögen Sie?
     3. A: Wo wohnt ihr?   B: Wir wohnen in Frankfurt. Und wo wohnst du?
     4. A: Kommen Sie aus China?   B: Ja. Aus Peking. Und woher kommen Sie?
     5. A: Was machst du heute?   B: Ich gehe in die Disco. Was macht ihr?
     6. A: Kommt ihr heute auch ins Café?   B: Ja. Wir kommen. Um wie viel Uhr kommt ihr?

4.3 **Sie:** Kollegen, im Kurs, Fremde, auf der Straße   **du:** Familie, Kollegen, im Kurs, Kinder, Freunde

5.1 machst | Arbeitest | gehe | Kommst | ist

5.2 Wie | gut | morgen | Kino | Film | Zeit | Kino | super | morgen

5.4 **1.** Los Angeles   **2.** Filmregisseur   **3.** ein Kriegsdrama   **4.** „Geliebter Feind"

6.2 ich wohne – wir wohnen
ich trinke – du trinkst – sie/Sie trinken
ich arbeite – du arbeitest – er/es/sie arbeitet – wir arbeiten – ihr arbeitet
du sprichst – er/es/sie spricht – wir sprechen – sie/Sie sprechen
ich nehme – wir nehmen – ihr nehmt – sie/Sie nehmen

ich habe – du hast – wir haben – ihr habt
ich bin – er/es/sie ist – wir sind – ihr seid – sie/Sie sind

6.3 **1.** kommen   **2.** spricht   **3.** trinke   **4.** Heißen   **5.** Bist   **6.** wohnen   **7.** Habt   **8.** arbeitet

6.4 Hallo Julian, ich arbeite heute bis 18 Uhr. Ich gehe wieder ins Kino.
Da kommt eine neue Komödie. Hast du Zeit? Norma

Hallo Norma, ich arbeite bis 18.30 Uhr. Ich komme dann ins Café. O.k.?
Wie heißt die Komödie? Wer ist der Regisseur? Julian

Hallo Saskia, Julian und ich gehen um 19.30 Uhr ins Kino.
Hat Robert Zeit? Kommt ihr auch? Norma

A1 1c – 2b – 3d – 4c – 5b – 6d

1.1

Name	Sprachen	Arbeit	Hobby
Herr und Frau Engel	Frau Engel: Deutsch, Englisch, etwas Italienisch; Herr Engel: Deutsch, Englisch	Herr Engel: bei Mercedes Benz / Frau Engel: Lehrerin	Kino
Renate Nieber	nur Deutsch	Programmiererin bei Opel	Skifahren
Giuseppe Roca	Deutsch, Italienisch er versteht Spanisch, Französisch	Elektrotechniker bei der Telekom Austria	lesen

1.3 Die Deutschen mögen Entspannung/Zeit/Ruhe/gutes Wetter im Urlaub.
Sie fahren/reisen am liebsten ans Meer. Sie fahren/reisen nicht so oft in die Berge.
Deutsche machen Urlaub in Deutschland und fahren oft nach Spanien.

2.1

Land	Sprache	Hauptstadt
Dänemark	Dänisch	Kopenhagen
England	Englisch	London
Deutschland	Deutsch	Berlin
Österreich	Deutsch	Wien
die Schweiz	Deutsch, Französisch, Italienisch, Rätoromanisch	Bern
die Niederlande	Niederländisch	Amsterdam
Tschechische Republik	Tschechisch	Prag
Italien	Italienisch	Rom
Slowenien	Slowenisch	Ljubljana
Polen	Polnisch	Warschau
Luxemburg	Luxemburgisch, Französisch, Deutsch	Luxemburg
Frankreich	Französisch	Paris
Ungarn	Ungarisch	Budapest
Slowakei	Slowakisch	Bratislava

2.4 **Innsbruck:** südlich von München | **Mainz:** südwestlich von Frankfurt | **Graz:** nordöstlich von Klagenfurt | **Weimar:** östlich von Erfurt | **Bern:** südlich von Basel | **Köln:** nördlich von Bonn | **Lübeck:** nordwestlich von Schwerin | **Lausanne:** nordöstlich von Genf | **Leipzig:** westlich von Dresden

4.1 **1.** Sprechen – spreche – spricht **2.** Fährst – fahre – fahren – hat **3.** wohnt – ist – kommt – fährt – haben **4.** heißen – heißen – heiße – heißt **5.** reisen – fahren/reisen – machen

5.1 3 – 1 – 2

Option 1

4.2 Bamberg

5 **1.** Nein, das ist Frau Böspflug. **3.** Nein, aus Bombay.
2. Nein, das ist eine Notrufnummer aus Deutschland. **4.** Nein, das ist kein Espresso, das ist ein Kaffee.
5. Nein, das ist Herr Grossmann.

8.5 der Osten > östlich > der Norden > nördlich > zählen > zahlen > zurück > natürlich > schon > schön

S1 Selbstevaluation

1. Beispiel: Guten Tag. Ich heiße Bärbel Müller. Wie heißen Sie?
2. Woher kommen Sie? Und wo wohnen Sie?
3. Beispiel: Ich komme aus Deutschland. Ich wohne in Berlin.
4. Entschuldigung, wie ist die Telefonnummer von Frau Chaptal?
5. neunzehn = 19, sechshundertneunundfünfzig = 659, achtundzwanzig = 28
6. Wir nehmen Orangensaft. Ich möchte gern Bier.
7. Ich mag Cola. Ich trinke gern Kaffee. – Ich trinke nicht gern Wein.
8. Er spricht Deutsch. – Petra fährt nach Berlin. – Er arbeitet in Stuttgart. – Wir wohnen in Wien.

S2 Bei welchen Aufgaben haben Sie „kann ich nicht so gut" markiert? Wiederholen Sie …

zu **Aufgabe 1:** Einheit 1, 1.2
zu **Aufgabe 2:** Einheit 1, 4.1
zu **Aufgabe 3:** Einheit 1, 4.1
zu **Aufgabe 4:** Einheit 2, 3.2 und 3.3

zu **Aufgabe 5:** Einheit 2, 2.1 bis 2.6
zu **Aufgabe 6:** Einheit 3, 1.1 und 1.2
zu **Aufgabe 7:** Einheit 3, Auftaktseite Nr.3
zu **Aufgabe 8:** Einheit 4, 1.1 und 1.2

Einheit 5: *Lebensmittel einkaufen*

A1 Oliven, Birnen, Marmelade, Wein, Champignons

A2 Oliven: 0,79 Euro | Birnen: 0,99 Euro | Marmelade: 0,99 Euro |
Wein: 2,99 Euro | Champignons: 0,49 Euro

1.2

Produkt	Mengenangabe	Preis
Butter	Packung (250g)	0,98
Karotten	Beutel (2,3 Kg)	1,25
Kaffee	Packung (500g)	3,49
Hipp Bio-Früchte	Glas	0,74
Frz. Baguette Salami	100g	1,24
Zwiebeln	Netz (2,5 Kg)	1,74
Erdnuss-Locken / Chips	Beutel (250g)	0,98
Salatgurken	Stück	0,59
Hinterschinken	100g	1,49
Fruchtjoghurt Becher	(250g)	0,59
Mango	Stück	1,74
Trauben	1,1 Kg	1,49
Bohnen / Erbsen / Möhren	Dose (580 ml)	0,49
Schnittkäse	100g	0,74
Weißbier	Kasten (20 Flaschen á 0,5 Liter)	14,80
Mineralwasser	Kasten (12 Flaschen á 0,7 Liter)	7,08
Orangensaft	Kasten (6 Flaschen á 1 Liter)	7,24

1.3 Beispiel:

eine Packung: Kaffee | drei Tafeln: Schokolade | eine Flasche: Apfelsaft, Mineralwasser |
einen Beutel: Zwiebeln, Karotten | ein Glas: Marmelade | eine Dose: Erbsen, Bohnen, Bier |
einen Becher: Joghurt | einen Liter: Milch, Apfelsaft, Mineralwasser | ein Kilo: Zwiebeln,
Karotten, Kartoffeln | ein Pfund: Zwiebeln, Karotten, Kaffee | 100 Gramm: Salami, Käse |
eine Tüte: Chips | einen Kasten: Mineralwasser, Bier, Apfelsaft

2.1 Frau Müller kauft Milch, Schokolade, Öl, Broccoli, Eier, Kaffee und Chips.

2.2 gern > Kilogramm > keine > geben > Flaschen > bitte > Tafeln > Pfund > das macht dann > Wiedersehen > Wochenende

3.1 Der bestimmte Artikel heißt im Plural immer „die".

4.1 **1.** Ich möchte ein Bier.
2. Geben Sie mir bitte einen Liter Milch.
3. Ich hätte gern eine Tafel Schokolade.

4.3 **2.** Herr Koenig (N) schreibt (V) einen Brief (A).   **5.** Verstehen (V) Sie (N) die Aufgabe (A)?
3. Verstehst (V) du (N) das Problem (A)?   **6.** Wir (N) brauchen (V) eine Pause (A).
4. Ihr (N) hört (V) den Dialog (A).

5.2 der bestimmte Artikel: **den** > der unbestimmte Artikel: **einen**

5.3 **2.** der Liter > Geben Sie mir bitte einen Liter Milch.   **7.** die Banane > Tom isst keine Bananen.
3. der Text > Wann liest du den Text?   **8.** der Kaffee > Ich bestelle einen Kaffee.
4. die Regel > Ergänzen Sie bitte die Regel.   **9.** die Tomatensuppe >
5. das Brot > Wir brauchen noch ein Brot.   Bringen sie mir bitte die Tomatensuppe.
6. das Heft > Ich habe das Heft vergessen.   **10.** der Wein > Möchtest du keinen Wein?

6.1 **1** Hähnchen | **2** Nudeln | **3** Schweineschnitzel | **4** Sauerkraut | **5** Gummibärchen | **6** Bohnen |
7 Kartoffeln | **8** Früchte / Obst | **9** Knoblauch | **10** Schokolade | **11** Reis | **12** Rindersteak |
13 Brezel | **14** Fisch | **15** Suppe | **16** Pilze | **17** Gemüse | **18** Pommes frites

---

Einheit 6: *Freizeitaktivitäten*

A1 1/b > 2/l > 3/a > 4/j > 5/c > 6/i > 7/g > 8/d > 9/f > 10/h > 11/k > 12/e

A2 **a.** Fußball spielen   **g.** im Internet surfen / Computerspiele
b. Saxofon spielen   **h.** Yoga machen
c. boxen   **i.** lesen
e. Basketball spielen   **k.** Volleyball spielen – singen / Karaoke

1.1 **Richtig:**   **2.** Heute ist kein Unterricht   **3.** Morgen ist Unterricht

1.3 **c.** Dialog Nr.1   **b.** Dialog Nr.2   **a.** Dialog Nr.3

1.4 **Beispiel**

nach der Uhrzeit fragen	die Uhrzeit nennen	
	Umgangssprache	*offiziell*
Wann treffen wir uns?	Um sechs.	Um 18.00Uhr.
Wann fängt der Film an?	Um Viertel nach sieben.	Um 19.15Uhr.
Wann ist der Kurs zu Ende?	Um halb zehn.	Um 21.30Uhr.

1.6 **1.** 7 Uhr oder 19 Uhr   **2.** 12.50 Uhr   **3.** 14.11 Uhr

2.1 **1.** wie – halb **2.** Wann – um –nach **3.** Viertel – wann – nach – um **4.** von – bis **5.** Wann - Viertel

2.2 **Beispiel**

A: Hallo Doris, ich gehe heute Abend aus. Kommst du mit?
B: Wohin denn?
A: Zum Beispiel ins Kino.
B: Was läuft denn?
A: „Das Dorf" im Autokino um 21Uhr.
B: O.K, also bis später.

A: Hallo Doris, ich gehe heute Abend aus. Kommst du mit?
B: Hm, um wie viel Uhr?
A: Um acht.
B: Geht es auch etwas später?
A: Ja, um halb neun.
B: Prima, ich komme vorbei.

A: Hallo Doris, ich gehe heute Abend aus. Kommst du mit?
B: Ja, gerne. Wann denn?
A: Um elf.
B: Das ist zu spät.
A: Und um zehn?
B: Morgen ist o.k.
A: O.k., also bis später.

A: Hallo Doris, ich gehe heute Abend aus. Kommst du mit?
B: Heute, das geht leider nicht.
A: Und morgen?
B: Morgen ist o.k.
A: Gut, dann bis morgen.
B: Alles klar. Tschüss!
A: Gut, dann bis bald.

2.4 **a.** Es ist kurz nach zwölf.   **c.** Es ist gleich zwölf.
b. Es ist kurz vor halb eins.   **d.** Es ist Punkt zwölf / Es ist genau zwölf.

2.5 Es ist fünf vor sieben. > Es ist fünf nach sieben. > Es ist fünf vor halb drei. > Es ist Viertel vor elf. > Es ist elf (Uhr). > Es ist Viertel nach zwölf. > Es ist fünf nach eins. > Es ist fünf vor halb drei.

3.1 **2.** Sehen Sie sich die Texte an.   **3.** Kreuzen Sie bitte an.   **4.** Heute fällt der Unterricht aus.
5. Kommt ihr mit?   **6.** Wir hören um 20.15 Uhr auf.

3.3 **Beispiel**
Ich lade die Kursleiterin ein. Mutter bringt Kuchen mit. Der Kurs fängt morgen an.
Sie rufen heute Abend an. Herr Greiner kommt heute mit. Petra kommt morgen zurück.
Wir fahren am Wochenende weg. Wir lesen das Buch vor.

4.1

Montag	Dienstag	Mittwoch	Donnerstag	Freitag	Samstag
Volleyball	Tennis	Basketball	Tischtennis	Fußball	Eishockey
19.00-21.00	7.00-8.00	18.00-20.00	18.00-20.00	17.30	15.00-17.00

4.2 Am Sonntag sieht der Mann Sport im Fernsehen.

4.3 Nachmittags – vormittags – Abend – Vormittag – Nachmittag – abends – Nacht

5.1 **a.** **(Ball-) Sport:** Yoga machen, joggen, Motorboot fahren, Judo machen, Aerobic machen, Fahrrad fahren, Motorrad fahren, Rugby spielen, Polo spielen, tanzen, Karate machen, Ski fahren > **Instrument:** Cello spielen, Gitarre spielen > **Sonstiges:** ins Theater gehen, Münzen sammeln, Telefonkarten sammeln, basteln, in den Zirkus gehen, Briefmarken sammeln, ins Museum gehen, Poker spielen, nähen, in die Disco gehen

b. > Rugby / Polo / Cello / Poker / Gitarre spielen > Motorboot / Fahrrad / Motorrad fahren > Yoga / Judo / Aerobic / Karate machen > ins Theater / in den Zirkus / ins Museum / in die Disco gehen > Münzen / Telefonkarten / Briefmarken sammeln > joggen / basteln / tanzen / nähen

6.1 **A:** sie – sie   **B:** uns – euch – dich – mich – ihn – es

Person	Nominativ	Akkusativ
1. Person Singular	ich	mich
2. Person Singular	du	dich
3. Person Singular	er sie es	ihn sie es

Person	Nominativ	Akkusativ
1. Person Plural	wir	uns
2. Person Plural	ihr	euch
3. Person Plural	Sie sie	Sie sie

6.2 dich – mich – mich – ihn – mich – dich – uns – uns – euch – es – mich – dich – mich

Einheit 7: Familie und Verwandtschaft

A1 Fred Feuerstein: *Bild b* | Lars Brandt: *Bild d* |
Wilhelm Friedemann Bach: *Bild c* | Monika Mann: *Bild a*

1.1 Mutter + Vater, Tante + Onkel, Tochter + Sohn,
Schwiegertochter + Schwiegersohn, Nichte + Neffe

1.2 hinten links: *Markus* | hinten in der Mitte: *Susanne mit Florian, Stefan* | hinten rechts: *Thomas* |
vorne links: *Regina* | vorne in der Mitte: *Walter, Ulla mit Katharina* | vorne rechts: *Petra*

1.4 Walter = Vater, Ulla = Mutter, Regina = Schwester, Klaus = Ehemann,
Florian = Sohn, Katharina = Tochter

1.5 Walter = Ehemann, Bernd = Schwiegersohn, Regina = Tochter, Klaus = Schwiegersohn

2.5 **1.** meine **2.** Meine / Thomas **3.** Unsere / Florian und Katharina
4. eure / Kerstin, Florian und Katharina **5.** Ihre / Regina **6.** Ihr / Ulla
7. Seine / Stefan **8.** unser / Susanne und Regina **9.** Ihr, ihr / Petra

4.4 **1.** meinen **2.** deinen **3.** ihren **4.** seinen **5.** seinen **6.** unsere / unseren **7.** eure **8.** ihre

4.5 Im Akkusativ haben sie die Endung „en".

5.4 **1.** 37% **2.** 31% **3.** Hälfte **4.** 90% **5.** 19% **6.** 50%, 66%

5.5

Zahlen	Datum	Zahlwörter	Tendenzen
25	1965	zwei Drittel	schwieriger
54	1989	die Hälfte	abnehmend
82	2002	… Prozent	halbiert
71			weniger
19			
31			
1,36			
90			

A2 der Hut, "-e | die Bluse, -n | der Mantel, "- | die Jacke, -n | der Anzug, "-e | das Kleid, -er | das Hemd, -en | die Mütze, -n | der Schal, -s | das T-Shirt, -s | der Rock, "-e | das Top, -s | die Hose, -n | der Schuh, -e

1.1 die Jacke: *schwarz* | die Schuhe: *schwarz* | der Mantel: *braun* | die Strumpfhose: *grau / beige* | der Slip: *grau* | der Schal: *grau* | der BH: *weiß / schwarz* | der Pullover: *rot*

1.2 — Ihr T-Shirt ist beige. Ihre Hose ist blau.
— Ihre Mütze ist weiß. Ihre Hose ist grau.
— Ihr Mantel ist grau.
— Sein Hemd ist blau.
— Sein Jackett ist grau.

2.2 — der Turm links: *Berliner Fernsehturm* (rechts: Eiffelturm in Paris)
— das Bier rechts (links: das Kölsch)
— das Haus links: *Hundertwasserhaus* (rechts: Weißes Haus in Washington)
— der Komponist links: *Mozart* (rechts: Beethoven)
— die Münze rechts: *Schweizer Franken*
— die Sängerin links: *Nena* (rechts: Madonna)

2.3

der Pullover	das Heft	die Hose	Plural: die Schuhe
Welcher Pullover?	Welches Heft?	Welche Hose?	Welche Schuhe?
Dieser Pullover.	Dieses Heft.	Diese Hose.	Diese Schuhe.

3.2 1e > 2b > 3c > 4d > 5f > 6a

3.4 **1.** Einen Anzug **2.** Blau / Dunkelblau **3.** Größe 52 **4.** 198 Euro

3.5 h. 1 > c. 2 > f. 3 > b. 4 > d. 5 > e. g. 6 > a. 7

3.7 **Beispiel**

nach einem Kleidungsstück fragen
Gibt es diese Jacke auch in Blau / in Größe 164? Ich hätte gern einen Pullover aus Seide / Wolle.

fragen, ob ein Kleidungsstück gefällt / passt / …	*sagen, dass ein Kleidungsstück (nicht) gefällt / passt / …*
Wie findest du diese Jacke? Wie finden Sie das Kleid? Passt das Kleid?	Der / das / die ist prima. Er / es / sie ist ein bisschen zu groß / zu eng / zu lang / zu weit / zu teuer. Ja, Sie sehen super aus! Diese Jacke mag ich nicht. Einen Pullover aus Seide / Wolle mag ich nicht.

4.1 **Beispiel:** Süßigkeiten, Elektrogeräte, Möbel, Zoohandlung, Imbiss, Kino, Kinderparadies …

4.4 1c > 2e > 3a > 4f > 5b > 6d

4.5 — der > dem / das > dem / die > der
— in + dem = im
— Die Präpositionen „hinter", „in", „vor" funktionieren wie „neben".

5.1 von links nach rechts: c – a – b – f – g – d – h – e

5.3 **1.** in der Umkleidekabine   **4.** neben der Rolltreppe
2. an der Kasse   **5.** im Mantel
3. unter dem normalen Preis   **6.** hinter den Musik-CDs

5.4 — Frau Mariotta steht zwischen dem Tisch und dem Stuhl.
— Das Heft liegt auf dem Tisch.
— Das Wörterbuch liegt unter dem Tisch.
— Die Tache ist vor dem Tisch.
— Die Jacke hängt auf dem Stuhl.
— Das Poster hängt an der Wand.
— Das Regal steht neben dem Poster.
— Die Bücher sind / stehen im Regal.

6.1 **3.** blau wie das Meer   **6.** rot wie die Liebe   **10.** weiß wie Schnee
4. schwarz wie die Nacht   **7.** grün wie Gras   **8.** grün vor Neid   **9.** rot vor Zorn
2. Er sieht alles rosa   **1.** Sie sieht alles schwarz   **5.** Er ist blau
Die Sätze „Er fährt schwarz." und „Sie macht blau." kommen nicht im Bild vor.

Option 2

1.2 Jacken – Hemden – Stück – Kasse – Sport – klein

4. Richtig: 1. und 3.

5.1 **a.** im Internet surfen > Yoga machen > ins Theater gehen > Fahrrad fahren > Münzen sammeln
c. ins Kino gehen > Briefmarken sammeln > Gitarre spielen > Skat spielen > Ski fahren >
Ich spiele gern Volleyball > Ich gehe gern in die Disco > Ich sammle Münzen.

5.2 **a.** Hinten in der Mitte ➤ das ist mein Onkel Klaus. ➘ | Vorne in der Mitte ➤ steht meine
Großmutter. ➘ > Der rote Pullover da vorne ➤ das bin ich. ➘ | Von Montag bis Freitag ➤
mache ich einen Sprachkurs. ➘ | Am Wochenende ➤ gehe ich gerne in die Disko. ➘

5.3 **b.** kosten > Woche > ohne > Sonntag > rot > der Pullover >
boxen und joggen > der Rock und die Hose > noch > modisch

5.4 der Schnee > schnell > der Chef > nehmen > sechs > elf > er > es >
lesen > wenig > wenn > die Lehrerin

5.5 **a.** der Neffe > geöffnet > mehr > möglich > die Größe >
der Frisör > die Idee > sehr > schön > schwer

5.6 **a.** wichtig > lieben > über > fünf > vier > für >
sieben > üben > Bier > Bücher > mit > Mütze > Termin > Kostüm

S1 **Selbstevaluation**

1. hätte – Kilo – Flasche

2. Tafel – Dose – Gramm – macht – teuer

3. Viertel vor zwölf – acht Uhr – fünf vor halb sechs

4. Beispiel: Saxofon spielen, tanzen, Briefmarken sammeln

5. Beispiel: Meine Eltern heißen Johann und Marlies. Mein Vater ist 54 Jahre alt.
Er ist Architekt. Meine Mutter ist 50 Jahre alt und arbeitet als Sekretärin.
Ich habe einen Bruder. Er ist 23 Jahre alt und studiert Medizin. Ich habe keine Kinder.

6. schön – ich nicht – super aus

7. Die Tasche steht hinter der Tür. | Das Buch liegt auf dem Tisch. |
Der Mantel hängt im Schrank.

8. Beispiel: Entschuldigung, wo ist die Toilette? | Entschuldigung, haben Sie
Lebensmittel? | Bitte, wo ist das Restaurant?

9. Beispiel: Die Toilette ist im zweiten Stock. | Lebensmittel finden Sie im Untergeschoss
hinten links. | Das Restaurant ist hinter der Parfümerie.

S2 *Bei welchen Aufgaben haben Sie „kann ich nicht so gut" markiert? Wiederholen Sie …*
zu Aufgabe 1: Einheit 5, 2.2   zu Aufgabe 6: Einheit 8, 3.7 bis 3.8
zu Aufgabe 2: Einheit 5, 1.3   zu Aufgabe 7: Einheit 8, 5.1 bis 5.4
zu Aufgabe 3: Einheit 6, 1.4 bis 1.6   zu Aufgabe 8: Einheit 8, 4.2 bis 4.5
zu Aufgabe 4: Einheit 6, 5.1 bis 5.3   zu Aufgabe 9: Einheit 8, 4.2 bis 4.5
zu Aufgabe 5: Einheit 7, 1.7

Sprache im Kurs

Sie brauchen Hilfe

Ich bin noch nicht fertig.

Ich verstehe das nicht.

Können Sie mir bitte helfen?

Was sollen wir tun?

Wie schreibt man das?

Ist das richtig?

Etwas langsamer, bitte.

Können Sie das bitte wiederholen?

Auf welcher Seite ist das?

Was Sie tun sollen

Schreiben Sie …	
Lesen Sie …	
Hören Sie …	
Sehen Sie …	
Ergänzen Sie …	 Wie heißen Sie
Unterstreichen Sie …	 Willkommen
Markieren Sie …	 Das
Kreuzen Sie an.	
Fragen Sie sich gegenseitig und antworten Sie …	

Frankfurt (am Main)	große Stadt in Hessen (Westdeutschland) | Börse und Finanzhauptstadt Deutschlands	**1/2.1**
Frankreich	Staat in Westeuropa (EU) | Hauptstadt: Paris	**1/2.1**
die Türkei	Staat in Südosteuropa und Kleinasien | Hauptstadt: Ankara	**1/2.1**
Schweden	Staat in Nordeuropa (EU) | Hauptstadt: Stockholm	**1/3.4**
Offenbach	Stadt in Baden-Württemberg (Südwestdeutschland)	**1/3.4**
Warschau	Hauptstadt von Polen	**1/4.1**
Polen	Staat in Osteuropa (EU)	**1/4.1**
Mannheim	Stadt in Baden-Württemberg (Südwestdeutschland)	**1/4.1**
Italien	Staat in Südeuropa (EU) | Hauptstadt: Rom	**1/So geht's**
das Goethe-Institut	deutsches internationales Sprach- und Kulturinstitut	**2/A**
Unter den Linden	berühmteste Straße Berlins (Mitte)	**2/2.6**
Dortmund	Stadt in Nordrhein-Westfalen (Nordwestdeutschland)	**2/3.1**
Österreich	Staat in Mitteleuropa (EU) | Hauptstadt: Wien	**2/3.1**
die Schweiz	Staat in Mitteleuropa | Hauptstadt: Bern | Landessprachen: Deutsch, Französisch, Italienisch, Rätoromanisch	**2/3.1**
Rüsselsheim	Stadt in Hessen (Westdeutschland)	**2/3.2**
Hamburg	Freie Hansestadt: zweitgrößte Stadt und größter Hafen Deutschlands | Bundesland in Norddeutschland	**2/4.6**
Wien	Hauptstadt von Österreich	**2/5.3**
Dänemark	Königreich in Nordeuropa (EU) | Hauptstadt: Kopenhagen	**2/5.3**
Siemens	große deutsche Firma (Informations- u. Kommunikationsbranche)	**2/5.3**
München	größte Stadt und Landeshauptstadt von Bayern	**2/So geht's**
Der Vorleser	Roman von Bernhard Schlink (*1944 bei Bielefeld), Jurist und Autor	**3/3.3**
Angola	Staat in Südwestafrika | Hauptstadt: Luanda | Amtssprache: Portugiesisch	**3/4.2**
Emden	Stadt in Niedersachsen (Nordwestdeutschland)	**3/5.3**
Los Angeles	größte Stadt Kaliforniens an der Südwestküste der USA	**3/5.3**
der Oscar	amerikanischer Filmpreis	**3/5.3**
Brad Pitt	(* 1963 in Shawnee, Oklahoma, USA) Schauspieler	**3/5.3**
Eric Bana	(* 1968 in Melbourne, Australien) Schauspieler	**3/5.3**
Orlando Bloom	(* 1977 in Canterbury, Kent, England) Schauspieler	**3/5.3**
Ilias	Epos von Homer (* 8. Jahrhundert v. Chr., griechischer Dichter) | ältestes Literaturzeugnis Europas	**3/5.3**

Stuttgart	größte Stadt und Landeshauptstadt von Baden-Württemberg	**3/6.1**
Ungarn	Staat in Osteuropa (EU) | Hauptstadt: Budapest	**4/A**
Bratislava	Hauptstadt der Slowakei	**4/A**
Ljubljana	Hauptstadt von Slowenien	**4/A**
der Buckingham Palast	Königspalast in London	**4/A**
der Petersdom	größte Kirche der Welt (Vatikan) in Rom	**4/A**
das Brandenburger Tor	Sehenswürdigkeit in Berlin: westlicher Abschluss der Straße „Unter den Linden"	**4/A**
Liechtenstein	kleiner Staat in Mitteleuropa | Hauptstadt: Vaduz | Landesprache: Deutsch	**4/A**
Lissabon	Hauptstadt von Portugal	**4/A**
Malta	unabhängige Inseln (seit 1964 nicht mehr in britischem Besitz) im Mittelmeer (Südeuropa – kleinster Staat der EU) | Hauptstadt: Valletta | Landesprachen: Maltesisch, Englisch und Italienisch	**4/A**
Zypern	unabhängige geteilte Insel im südöstlichen Mittelmeer (überwiegend griechisch – 80% der Bevölkerung – und türkisch (19%) im Norden. Der griechische Teil der Insel gehört seit Mai 2004 zur EU. | Geteilte Hauptstadt: Nikosia | Landesprachen: Griechisch, Türkisch und Englisch	**4/A**
Portugal	Staat in Südwesteuropa (EU) | Hauptstadt: Lissabon	**4/A**
Irland	Staat in Westeuropa (EU) | Hauptstadt: Dublin | geteilte Insel: Nordirland gehört offiziell zu Großbritannien	**4/A**
das Atomium	Sehenswürdigkeit in Brüssel: 102 m hohes Bauwerk, das ein Atommodell darstellt. Es wurde zur Weltausstellung 1958 gebaut.	**4/A**
Athen	Hauptstadt von Griechenland	**4/A**
Brüssel	Hauptstadt von Belgien | Sitz der europäischen Kommission	**4/A**
Prag	Hauptstadt von der Tschechischen Republik (Tschechien)	**4/A**
der Prater	Volks- und Vergnügungspark in Wien mit dem Riesenrad als Wahrzeichen	**4/A**
die Europäische Zentralbank	Zentralbank für die gemeinsame europäische Währung, den Euro | Sitz in Frankfurt (am Main)	**4/A**
Zürich	größte Stadt der Schweiz (im Norden) | Hauptstadt des gleichnamigen Kantons	**4/A**
Karlsruhe	Stadt in Baden-Württemberg (Südwestdeutschland)	**4/1.1**
Mercedes-Benz	Große deutsche Firma (Automobilbranche)	**4/1.1**
Weimar	Stadt in Thüringen (Mitteldeutschland)	**4/1.1**
Thüringen	Bundesland in Mitteldeutschland	**4/1.1**
Erfurt	größte Stadt und Landeshauptstadt von Thüringen	**4/1.1**
Grenoble	größte Stadt der französischen Alpen (Département: Isère) in Südostfrankreich	**4/1.1**

Opel	große deutsche Firma (Automobilbranche)	4/1.1
Eisenach	Stadt in Thüringen (Mitteldeutschland)	4/1.1
Sankt Pölten	Landeshauptstadt von Niederösterreich (Nordösterreich)	4/1.1
Venedig	größte Stadt und Hauptstadt der Region und der Provinz Venetien (Nordostitalien)	4/1.1
Tschechien	(die Tschechische Republik) Staat in Mitteleuropa (EU) | Hauptstadt: Prag	4/1.1
Spanien	Staat in Südwesteuropa (EU) | Hauptstadt: Madrid	4/1.3
Südtirol	Region in Norditalien	4/1.3
Griechenland	Staat in Südosteuropa (EU) | Hauptstadt: Athen	4/1.3
Benelux	Wirtschaftsunion (Freihandelzone): Seit dem Benelux-Vertrag von 1958 Belgien, Niederlande, Luxemburg	4/1.3
Belgien	Staat in Westeuropa (EU) | Hauptstadt: Brüssel | Landessprachen: Niederländisch im Norden und Westen, Französisch im Südosten, Deutsch im Nordosten	4/1.3
die Niederlande	Staat in Westeuropa (EU) | Hauptstadt: Amsterdam	4/1.3
Luxemburg	kleiner Staat in Mitteleuropa (EU) | Hauptstadt: Luxemburg | Landessprachen: Luxemburgisch, Französisch und Deutsch	4/1.3
Skandinavien	Halbinsel Nordeuropas: Norwegen und Schweden (im weiteren Sinn auch Dänemark und Finnland)	4/1.3
Norwegen	Staat in Nordwesteuropa | Hauptstadt: Oslo	4/1.3
Finnland	Staat in Nordosteuropa (EU) | Hauptstadt: Helsinki	4/1.3
England	Teil des Vereinigten Königreiches (= Schottland, Wales, England und Nordirland) (EU)	4/1.3
Estland	kleiner Staat in Nordosteuropa (EU) | Hauptstadt: Tallinn | Landessprachen: Estnisch und Russisch	4/2.1
Lettland	kleiner Staat in Nordosteuropa (EU) | Hauptstadt: Riga | Landessprachen: Lettisch und Russisch	4/2.1
Litauen	kleiner Staat in Nordosteuropa (EU) | Hauptstadt: Vilnius | Landessprache: Litauisch	4/2.1
Weißrussland (Belarus)	Staat in Mittelosteuropa | Hauptstadt: Minsk | Landessprachen: Weißrussisch und Russisch	4/2.1
Ukraine	Staat in Mittelosteuropa | Hauptstadt: Kiew | Landessprachen: Ukrainisch und Russisch	4/2.1
Slowakei	kleiner Staat in Mittelosteuropa (EU) | Hauptstadt: Bratislava	4/2.1
Moldawien	kleiner Staat in Südosteuropa | Hauptstadt: Chisinau | Landessprachen: Rumänisch und Russisch	4/2.1
Slowenien	kleiner Staat in Mitteleuropa (EU) | Hauptstadt: Ljubljana	4/2.1
Kroatien	kleiner Staat in Mitteleuropa | Hauptstadt: Zagreb | Landessprachen: Kroatisch, Serbisch, Ungarisch und Italienisch	4/2.1

Bosnien-Herzegowina	kleiner Staat in Südosteuropa | Hauptstadt: Sarajewo | Landesprache: Bosnisch, Kroatisch, Serbisch	4/2.1
Serbien-Montenegro	Staat in Südosteuropa | Hauptstadt: Belgrad | Landessprache: Serbisch und Albanisch	4/2.1
Rumänien	Staat in Südosteuropa | Hauptstadt: Bukarest	4/2.1
Bulgarien	Staat in Südosteuropa | Hauptstadt: Sofia	4/2.1
Albanien	kleiner Staat in Südosteuropa | Hauptstadt: Tirana	4/2.1
Mazedonien	kleiner Staat in Südosteuropa | Hauptstadt: Skopje | Landessprachen: Mazedonisch, Albanisch, Türkisch, Serbisch u. a.	4/2.1
Korsika	Region in Frankreich (Mittelmeerinsel)	4/2.1
Sardinien	Region in Italien (Mittelmeerinsel)	4/2.1
Mallorca	Region in Ostspanien (Mittelmeerinsel)	4/2.1
der Irak	Staat im Norden der arabischen Halbinsel | Hauptstadt: Bagdad | Landessprachen: Arabisch und Kurdisch (Kurdistan)	4/2.2
der Iran	Staat im Nahen Osten | Hauptstadt: Teheran | Landessprachen: Persisch, Arabisch, Kurdisch u. a.	4/2.2
der Libanon	kleiner Staat am östlichen Mittelmeer | Hauptstadt: Beirut | Landessprachen: Arabisch, Französisch und Englisch	4/2.2
der Sudan	großer Staat in Nordostafrika | Hauptstadt: Khartum | Landessprachen: Arabisch, Englisch u. a.	4/2.2
der Tschad	Staat in Zentralafrika | Hauptstadt: N'Djamena | Landessprachen: Französisch, Arabisch u. a.	4/2.2
Teheran	Hauptstadt des Irans	4/2.2
Ankara	Hauptstadt der Türkei	4/2.2
Linz	Landeshauptstadt von Oberösterreich (Nordösterreich)	4/2.4
Innsbruck	Landeshauptstadt von Tirol (Westösterreich)	4/2.4
Mainz	Landeshauptstadt von Rheinland-Pfalz	4/2.4
Graz	zweitgrößte Stadt Österreichs und Landeshauptstadt der Steiermark	4/2.4
Klagenfurt	Landeshauptstadt von Kärnten (Südösterreich)	4/2.4
Bern	Hauptstadt der Schweiz und des Kantons Bern	4/2.4
Basel	nach Zürich und Genf drittgrößte Stadt der Schweiz und Kanton im Nordwesten	4/2.4
Köln	größte Stadt von Nordrhein-Westfalen (Westdeutschland)	4/2.4
Bonn	Stadt in Nordrhein-Westfalen | ehemalige Hauptstadt Westdeutschlands	4/2.4
Lübeck	Stadt in Schleswig-Holstein (Norddeutschland)	4/2.4
Schwerin	Landeshauptstadt von Mecklenburg-Vorpommern	4/2.4
Lausanne	Hauptstadt des Kantons Waadt (Vaud: frankophoner Kanton) im Südwesten der Schweiz	4/2.4

Genf	nach Zürich zweitgrößte Stadt der Schweiz und Kanton im Südwesten (Genfer See)	Hauptstadt des Welthandels und Sitz vieler Weltorganisationen, wie z. B. der Vereinten Nationen (UNO) und des Hochkommissariats für Flüchtlinge (UNHCR)	4/2.4
Leipzig	Stadt in Sachsen (Ostdeutschland)	4/2.4
Dresden	Landeshauptstadt von Sachsen	4/2.4
Granada	Stadt in Südspanien	4/4.1
die Reeperbahn	berühmteste Straße Hamburgs (St. Pauli)	4/5.1
Sachsen	Bundesland im Osten Deutschlands	4/5.2
Tirol	Bundesland im Westen Österreichs	4/5.2
Luzern	Stadt und Kanton im Zentrum der Schweiz	4/5.2
der Kreml	Sehenswürdigkeit in Moskau: vieltürmiger Festungskomplex	ehemalige Residenz russischer Herrscher und Patriarchen	seit 1918 Sitz der russischen Regierung	4/5.3
die Semperoper	Staatsoper und Wahrzeichen von Dresden	1841 von Gottfried Semper als erstes königliches Hoftheater erbaut	1945 beim großen Bombenangriff auf Dresden zerstört	die Semperoper von heute: eine originalgetreue Rekonstruktion	4/So geht's
Nürnberg	große Stadt im Norden von Bayern	wirtschaftliches und kulturelles Zentrum von Franken	Opt. 1/4.1
Regensburg	Stadt in Bayern (Südostdeutschland)	Opt. 1/4.2
Heidelberg	Stadt im Norden von Baden-Württemberg (Südwestdeutschland)	älteste Universität Deutschlands	Opt. 1/4.2
Bamberg	Stadt im Norden von Bayern (Franken)	Opt. 1/4.2
Milka	Schokoladenmarke aus der Schweiz (gehört Suchard)	5/2.2
Düsseldorf	Landeshauptstadt von Nordrhein-Westfalen (Westdeutschland)	5/8.1
Das Dorf	The Village	amerikanischer Fantasy-Film von M. Night Shyamalan (2004)	6/1.3
Gegen die Wand	deutsches Filmdrama von Fatih Akin (2003)	Goldener Bär auf der Berlinale 2004	6/1.3
7 Zwerge – Männer allein im Wald	deutsche Komödie (Film) von Sven Unterwaldt jr. (2004)	mit dem deutschen Komiker Otto Waalkes	6/1.3
Alfred Hitchcock	berühmter englischer Filmregisseur, Autor und Produktionsleiter (*1899 bei London – †1980 in Los Angeles) ging 1939 nach Hollywood – gilt als Meister des Spannungsfilms	z.B. „Psycho" 1960, „Die Vögel" 1963	6/1.3
Ein Fall für zwei	Krimiserie im ZDF (Zweites Deutsches Fernsehen)	6/1.3
Australien	großer Staat im Pazifik	Hauptstadt: Canberra	Landessprache: English	6/1.6
die Nationalelf	nationale Fußballmannschaft für internationale Wettkämpfe	6/6.1
Fred Feuerstein	Star der amerikanischen Steinzeit-Zeichentrickserie (1960-1966)	wurde in mehr als 80 Ländern ausgestrahlt	7/A

Willy Brandt	deutscher SPD-Politiker (*1913 in Lübeck – †1992 bei Bonn) | 1957–1966 Bürgermeister von Berlin (West) | 1969–1974 Bundeskanzler | 1971 erhält den Friedensnobelpreis	**7/A**
Johann Sebastian Bach	berühmtester deutscher Komponist (*1685 in Eisenach – †1750 in Leipzig) | Barockmusik	**7/A**
Thomas Mann	deutscher Schriftsteller (*1875 in Lübeck – †1955 bei Zürich) vor allem bekannt durch seine Romane: „Buddenbrooks" 1901 und „Der Zauberberg" 1924	**7/A**
Ostdeutschland	bezeichnet den Teil von Deutschland, der 1949–1990 die DDR (Deutsche Demokratische Republik) war.	**7/5.3**
Westdeutschland	Teil von Deutschland, der 1949–1990 die BRD (Bundesrepublik Deutschland) war.	**7/5.3**
Bayern	größtes Bundesland Deutschlands (Süddeutschland)	**8/2.2**
H&M	Modekaufhaus aus Schweden | heute in 20 Ländern vertreten	**Opt. 2/1.1**
C&A	weit verbreitetes holländisches Bekleidungshaus	**Opt. 2/1.1**

Wörter, die Sie nicht unbedingt zu lernen brauchen, sind *kursiv* gedruckt. Die Zahlen geben an, wo die Wörter zum ersten Mal vorkommen (z.B. 2/2.3 bedeutet Einheit 2, Abschnitt 2.3; HT 2/3.1 = Hörtext in Einheit 2, Abschnitt 3.1; 8/A = Einheit 8, Auftaktseite)

ạ = kurzer Vokal	* = dieses Wort existiert nur im Singular
a̱ = langer Vokal	Pl. = dieses Wort existiert nur im Plural
"- = Umlaut im Plural	Dat. = Dativ
	Akk. = Akkusativ

ạb	2/2.3	*Anrede*, die, -n	3/4.1
Abend, der, -e	3/5.1	ạnrufen	2/3.2
abends/am Abend	6/4.3	ạnschauen	1/1.1
aber	1/1.1	ạnsehen	2/3.3
ạbhängen (von)	6/5.4	*ạnsprechen (sich)*	3/4.3
ạbholen	7/4.4	**Antwort**, die, -en	1/2.3
ạbnehmen	7/5.3	ạntworten	1/1.2
ạbnehmend	7/5.3	**Anzug**, der, "-e	8/A
ạbschreiben	4/So geht's	**Apfel**, der, "-	3/A
absolu̱t	6/5.4	**Apfelsaft**, der, "-e	3/A
Abteilung, die, -en	8/4.1	**Arbeit**, die, -en	3/6.5
ạch	2/3.4	**arbeiten**	1/A
ạch so	1/2.1	*Ä̱rger*, der, *	Opt. 2/1.1
ạchten (auf)	1/2.1	*Attraktivitä̱t*, die, *	7/5.3
Aero̱bic, das, *	6/5.1	*au wei̱a*	8/3.3
aha̱	1/2.1	*auch*	2/3.1
Aktivitä̱t, die, -en	4/1.3	*auf*	1/A
akzepti̱eren	6/5.4	**Auf Wiederhören.**	2/3.3
ạlle	1/6.4	**Auf Wiedersehen.**	3/1.1
allei̱n	7/5.3	*auffallen*	7/4.3
ạllerdings	Opt. 1/2	**Aufgabe**, die, -n	4/2.5
ạlles	5/2.2	**aufhören**	6/1.1
Alles kla̱r!	6/2.2	*Aufschlag*, der, "-e	Opt. 2/2
Alphabe̱t, das, -e	2/1	**aufstehen**	6/2.1
ạls	2/2.3	*aufteilen (unter)*	Opt. 1/2
ạlso	1/1.1	*aufwachsen*	7/5.3
ạlt	5/7.1	**Auge**, das, -n	8/1.4
ạ̈lter	6/5.4	**aus**	1/2.1
Ạlter, das, -	4/5.2	*Ausdruck*, der, "-e	7/So geht's
ạ̈lterer, ä̱lteres, ä̱ltere	3/4.3	*ausfallen*	6/1.1
Ạltstadt, die, "-e	4/5.1	**ausgehen**	6/2.2
am li̱ebsten	4/1.3	**ausgezeichnet**	5/6.2
ạn (+ Dat.)	8/So geht's	*Auskunft*, die, "-e	Opt. 1/6
ạnbieten	3/4.3	**Ausland**, das, *	4/1.3
ạnderer, ạnderes, ạndere	1/5.1	*auslä̱ndisch*	7/1.2
ạ̈ndern (sich)	3/So geht's	*ausscheiden*	3/3.2
ạnfangen	HT4/A	**aussehen**	6/5.4
Ạnfänger, der, -	3/3.3	*auswählen*	3/So geht's
Ạnfängerkurs, der, -e	3/3.3	*authẹntisch*	3/5.3
Angebot, das, -e	5/A	**Auto**, das, -s	1/7.3
ạnprobieren	8/3.3	*Autokino*, das, -s	6/2.2

B**a**by, das, -s	4/1.1	bl**o**nd	Opt. 2/1.3
B**a**ll, der, "-e	3/3.2	bl**o**ß	Opt. 2/1.1
B**a**llsport, der, *	6/5.1a	Bl**u**se, die, -n	8/A
Ban**a**ne, die, -n	5/2.1	B**o**hne, die, -n	5/A
Band, die, -s	6/4.3	B**o**tschaft, die, -en	3/4.1
B**a**nk, die, -en	4/5.1	b**o**xen	6/A
Basketball spielen	6/A	br**au**chen	HT 2/3.2
b**a**steln	6/5.1	br**au**n	8/1.1
B**au**mwolle, die, *	8/1.3	Br**e**zel, die, -n	5/6.1
be**a**ntworten	8/3.4	Br**ie**f, der, -e	5/4.3
be**a**rbeiten	Opt. 1/7	Br**ie**fmarke, die, -n	6/A
B**e**cher, der, -	5/1.3	br**i**ngen	5/5.3
beginnen	1/A	Br**o**ccoli, der, *	5/2.1
Begr**ü**ßung, die, -en	Opt. 1/7	Br**o**t, das, -e	5/A
b**ei**	2/5.3	Br**ü**cke, die, -n	Opt. 1/4
b**ei**de	6/5.2	Br**u**der, der, "-	3/4.1
B**ei**spiel, das, -e	1/1.2	B**u**ch, das, "-er	1/6.3
bek**a**nnt ≠ **u**nbekannt	3/A	buchstab**ie**ren	2/A
bel**ie**btester, bel**ie**btestes,		B**u**ndesland, das, "-er	4/5.1
bel**ie**bteste	4/1.3	B**u**ndesrepublik, die	4/5.1
ben**u**tzen	1/So geht's	b**u**nt	8/1.3
be**o**bachten	7/5.3	B**u**tter, die, *	5/A
B**e**rg, der, -e	4/1.3	Caf**é**, das, -s	3/A
ber**i**chten	4/5.2	Cart**oo**n, der, -s	8/6.3
Ber**u**f, der, -e	7/2.4	CD, die, -s	1/1.1
ber**u**flich	HT4/A	C**e**llo, das, -s	6/5.1
berühmt	7/A	Ch**a**mpignon, der, -s	5/A
Bes**a**tzung, die, -en	3/5.3	Ch**a**nce, die, -en	Opt. 1/2
beschr**ei**ben	7/A	Ch**e**f, der, -s	HT6/4.1
bes**o**nders	Opt. 2/4	Chin**e**sisch	4/2.2
best**e**llen	3/A	Ch**i**ps, die, Pl.	5/1.3
b**e**ster, b**e**stes, b**e**ste	Opt. 2/4	c**i**rca (ca.)	Opt. 1/2
bes**u**chen	7/4.4	(Coca) C**o**la, die, -s	3/A
Betr**e**ff, der, -e	3/5.1	C**o**llage, die, -n	5/1.1
B**e**ttwäsche, die, -n	8/4.1	Comp**u**ter, der, -	6/A
B**eu**tel, der, -	5/1.3	Comp**u**terspiel, das, -e	6/A
Bew**e**gung, die, -en	Opt. 2/3	Cont**ai**nerschiff, das, -e	4/5.1
bez**a**hlen	8/3.4	Contr**o**ller/in, der/die, -/-nen	4/1.1
Bez**ei**chnung, die, -en	7/1.4	Cous**i**n/e, der/die, -s/-n	7/1.1
B**H**, der, -s	8/1.1	da	2/3.4
Biblioth**e**k, die, -en	Opt. 1/6	daf**ü**r	6/5.3
B**ie**r, das, -e	3/A	D**a**me, die, -n	HT4/A
B**i**ld, das, -er	1/1.1	D**a**menabteilung, die, -en	8/4.1
b**i**llig	8/5.3	D**a**menschuh, der, -e	8/4.1
B**i**rne, die, -n	5/A	dam**i**t	HT4/A
b**i**s	2/A	dan**a**ch	2/3.5
bis b**a**ld	6/2.2	D**ä**nisch, das, *	4/2.1
B**i**s später!	1/8.2	d**a**nke	2/A
b**i**tte	1/3.4	d**a**nn	1/1.1
bl**au**	8/1.1	darstellen	6/A
bl**au** sein	8/6.1	dar**u**m	Opt. 2/1.1
bl**au**machen	8/6.1	D**a**tum, das, *	7/5.5
bl**ei**ben	4/1.3	d**au**ern	4/1.3
Bl**ei**stift, der, -e	Opt. 1/7	daz**u**schreiben	7/3.1

dazwischen	HT 4/A	ekelhaft	5/6.2
denken (an)	6/6.2	Elektrotechnik, die, *	3/4.1
deutlich	7/5.3	Elektrotechniker/in, der/die, -/-nen	4/1.1
deutsch	1/2.1	eliminieren	HT 4/A
Deutsch, das, *	2/So geht's	Eltern, die, Pl.	7/1.1
Deutschbuch, das, "-er	Opt. 1/5	E-Mail, die, -s	3/5.1
Deutsche, der/die, -n	1/2.1	Ende, das, -n	2/3.3
Deutschkurs, der, -e	1/1.1	eng	8/1.3
deutschsprachig	6/5.4	Engländer/in, der/die, -/-nen	4/3.1
dick	5/7	Englisch, das, *	2/4.1
Dienstag, der, -e	6/4.1	Enkel/in, der/die, -/-nen	7/1.1
dienstags	6/4.3	entscheiden	Opt. 2/4
dieser, dieses, diese	1/6.5	entschuldigen (sich)	2/3.6
Diktat, das, -e	Opt. 1/4	Entschuldigung, die, -en	1/1.1
Ding, das, -e	HT 4/A	Entspannung, die, -en	4/1.3
Disco, die, -s	3/4.2	entweder ... oder	1/5.2
divers	HT 5/A	Erbse, die, -n	5/1.3
doch	3/5.1	Erdbeere, die, -n	HT 5/A
Donnerstag, der, -e	6/4.1	Erdgeschoss, das, -e	8/4.1
dort	2/3.6	Ergebnis, das, -se	Opt. 1/3
Dose, die, -n	5/1.3	erkennen	2/4.2
Drama, das, Pl. Dramen	3/5.3	erklären	7/2.6
Dritte, der	5/8.1	Erlebnis, das, -se	3/5.3
Drittel, das, -	7/5.3	erschließen	4/A
dumm	6/1.1	erst	6/1.1
dunkelblau	8/3.5	erst mal	HT 4/A
durcheinander	8/3.5	erster, erstes, erste	2/A
Durchgang, der, "-e	HT 2/1.1	erwarten	3/4.3
dürfen	HT 4/A	erzählen	Opt. 2/5.2
duzen	3/4.3	Espresso, der, -s (auch: Espressi)	3/A
DVD, die, -s	8/4.2	essen	3/1.1
ebenfalls	HT 4/A	Essen, das, *	4/1.3
egal	Opt. 2/1.1	etwa	4/1.1
(Ehe-)mann/-frau, der/die, "-er/-en	7/1.1	etwas	3/A
Ehepaar, das, -e	7/5.4	Euro, der, -	3/1.1
eher	6/5.4	Euronotruf, der, *	2/3.1
Ei, das, -er	5/2.1	Europa, das, *	4/A
eigener, eigenes, eigene	2/3.1	europäisch	2/3.1
Eigenschaft, die, -en	8/1.3	(Ex-)Mann/Frau, der/die, "-er/-en	7/5.1
ein bisschen	HT 2/1.1	fahren	2/5.3
einfach	Opt. 2/1.1	Fahrstuhl, der, "-e	8/4.2
einfarbig	8/1.3	falsch	1/6.5
einige	2/2.1	Familie, die, -n	3/4.3
Einkauf, der, "-e	5/A	Familienfoto, das, -s	7/2.6
einkaufen	5/A	Familienstand, der, *	7/So geht's
Einkaufsbummel, der, -	Opt. 2/1.1	fangen	3/3.2
Einkaufsgespräch, das, -e	5/A	Farbe, die, -n	8/A
einladen	6/3.3	fast	5/5.2
Einladung, die, -en	6/5.4	fehlen	1/2.1
einmal	4/1.3	Feld, das, -er	Opt. 1/2
einsammeln	Opt. 2/3	Fernsehen, das, *	Opt. 1/2
einverstanden	HT 6/1.3	Fernseher, der, -	7/4.1
Einwohner/in, der/die, - /-nen	4/3.1	fertig	7/So geht's
Eishockey, das, *	6/4.1	Fest, das, -e	7/2.1

Feuerwehr, die, *	2/3.1
Film, der, -e	3/5.1
Filmregisseur, der, -e	3/5.3
finanziell	7/5.3
finden	1/7.1
Fisch, der, -e	5/6.1
Flasche, die, -n	5/1.3
Fleisch, das, *	5/8.1
fliegen	Opt. 2/2
Flug, der, "-e	2/A
Flughafen, der, "-	3/6.1
folgender, folgendes, folgende	3/5.4
Form, die, -en	4/4.1
formell	3/4.3
Foto, das, -s	3/3.1
Frage, die, -n	1/2.3
fragen	1/A
Französisch, das, *	2/5.1
Frau, die, -en	1/1.1
frei	3/4.1
Freitag, der, -e	6/4.1
Freizeit, die, *	6/A
Fremde, der/die, -n	3/4.3
freuen (sich)	Opt. 2/4
Freund/in, der/die, -e/-nen	3/4.3
freundlich	2/3.5
Frisör/in, der/die, -e/-nen	8/4.1
Frottierware, die, -n	8/4.1
Frucht, die, "-e	5/6.1
funktionieren	2/3.1
für	HT 2/3.1
fürchterlich	5/6.2
Fußball spielen	6/A
ganz	2/A
ganzer, ganzes, ganze	4/5.1
Gardine, die, -n	8/4.1
Garten, der, "-	7/2.1
Gebäude, das, -	4/5.1
geben	3/6.5
Gebiet, das, -e	7/5.3
Geburt, die, -en	7/5.3
Geburtstag, der, -e	7/2.1
Gedicht, das, -e	6/6.1
gefallen	8/3.7
gegenseitig	1/2.4
Gegenstand, der, "-e	6/5.3
Gegenteil, das, -e	Opt. 2/2
gehen	2/A
gehen um	7/5.2
gehören (zu)	7/A
geil	Opt. 2/1.1
gelb	8/1.1
Geld, das, *	7/4.1
Geldautomat, der, -en	8/4.1

geliebt	Opt. 2/1.1
Gemüse, das, *	5/6.1
genau	HT 2/1.1
Generation, die, -en	6/5.4
geöffnet	6/2.1
geografisch	4/A
Geographie, die, *	4/2
geradeaus	8/4.2
geraten	8/3.5
Geräusch, das, -e	6/A
gern	2/5.1
Geschäft, das, -e	Opt. 2/4
geschieden	7/2.1
Geschwister, die, Pl.	7/So geht's
Gespräch, das, -e	2/3.3
Gesprächspartner, der, -	3/4.3
gestreift	8/1.3
gesund	5/8.1
Getränk, das, -e	3/A
Getränkekarte, die, -n	3/A
Gewicht, das, -e	5/8.1
Gewinn, der, -e	Opt. 1/2
gewinnen	Opt. 1/2
Gewinner, der, -	Opt. 1/2
Gitarre, die, -n	6/5.1
Glas, das, "-er	5/1.3
glauben	HT 4/A
gleich	HT 2/1.1
gleicher, gleiches, gleiche	5/8.1
*Glück, das, * *	Opt. 1/2
Glücksspiel, das, -e	Opt. 1/2
Gramm (g), das, -	5/1.1
Grammatik, die, -en	1/So geht's
Gras, das, "-er	8/6.1
grau	8/1
groß	4/1.1
Größe, die, -n	8/A
Großeltern, die, Pl.	7/1.1
Großmutter, die, "-	7/1.1
größter, größtes, größte	4/5.1
Großvater, der, "-	7/1.1
grün	8/1.1
Gruppe, die, -en	4/3.1
Grüß Gott!	1/1.2
Gruß, der, "-e	3/5.1
Gummibärchen, das, -	5/6.1
gut	1/1.1
Guten Abend!	1/1.2
Guten Morgen!	1/1.2
Guten Tag!	1/A
*Gymnastik, die, * *	Opt. 2/3
Haar, das, -e	Opt. 2/1.3
haben	3/A
Hafen, der, "-	4/5.1

Hähnchen, das, -	5/6.1
halb s**ie**ben	6/1.1
*halb**ie**ren* (sich)	7/5.3
H**ä**lfte, die, -n	7/5.4
H**a**llo	1/A
halten	Opt. 2/1.1
Hand, die, "-e	Opt. 2/1.1
H**a**ndy, das, -s	3/5.1
h**ä**ngen	8/5.3
häufig	3/4.3
Hauptkasse, die, -n	8/4.1
H**au**ptstadt, die, "-e	4/A
H**au**s, das, "-er	7/2.1
H**au**shalt, der, -e	8/4.2
H**au**shaltsabteilung, die, -en	8/4.2
Haushaltswaren, die, Pl.	8/4.1
Hausnummer, die, -n	Opt. 1/6
H**e**ft, das, -e	1/3.2
H**ei**mat, die, *	7/5.6
Heirat, die, *	7/5.3
h**ei**raten	7/5.3
h**ei**ßen	1/A
h**e**lfen	1/4.1
H**e**md, das, -en	8/A
her damit	Opt. 2/1.1
Herkunft, die, *	1/So geht's
H**e**rr, der, -en	1/1.1
Herrenabteilung, die, -n	8/4.2
Herrenmode, die, -n	8/4.1
Herrenschuh, der, -e	8/4.1
hervorziehen	7/2.7
herzlich willkommen	HT 4/A
Herzlichen Glückwunsch!	3/3.1
h**eu**te	3/4.1
heute **A**bend	6/2.2
hier	1/1.1
Hier ist …	2/So geht's
Hifi-Center, das, -	8/4.1
H**i**lfe, die, -n	4/1.2
Himmelsrichtung, die, -en	Opt. 1/7
hinsehen	8/So geht's
h**i**nten	7/1.2
h**i**nter (+ Dat.)	7/2.1
*hist**o**risch*	4/5.1
Hitliste, die, -n	4/1.3
H**o**bby, das, -s	4/1.1
Hochzeit, die, -en	7/5.4
*höflich ≠ **u**nhöflich*	6/5.4
h**o**len	HT 2/3.2
h**ö**ren	1/1.1
Hörer, der, -	2/3.3
H**o**se, die, -n	8/A
H**u**hn, das, "-er	5/3.2
H**u**t, der, "-e	8/A

ich hätte gern	3/So geht's
*Id**ee***, die, -n	HT 6/1.3
*im Schn**i**tt*	7/5.3
*im Zw**ei**felsfall*	3/4.3
immer	1/5.4
in der Nähe von	HT 2/3.1
Industrienation, die, -en	5/8.1
Information, die, -en	3/5.4
inspiriert	3/5.3
Institut, das, -e	HT 2/1.1
Instrument, das, -e	6/5.1a
interessant	4/So geht's
interkulturell	8/6
international	1/6.1
Internet, das, *	6/A
Interview, das, -s	3/6.5
Italiener/in, der/die, -/-nen	4/1.1
Italienisch, das, *	4/A
ja	1/1.1
J**a**cke, die, -n	8/A
J**a**hr, das, -e	4/1.1
Jahrgang, der, "-e	7/5.3
je	2/4.2
Jeans, die, -	8/3.3
jeder, jedes, jede	2/2.1
jemand	1/4.1
jetzt	1/2.4
joggen	6/5.1
Joghurt, der, -s	5/1.3
Judo, das, *	6/5.1
jung	6/5.4
Junge Mode, die, *	8/4.1
jüngerer, jüngeres, jüngere	3/4.3
K**a**ffee, der, -s	3/A
Kakao, der, -s	3/A
Kalorie, die, -n	5/8.1
Kandidat/in, der/die, -en/-nen	HT 4/A
Kanton, der, -e	4/5.1
Karaoke, das, *	6/A
Karate, das, *	6/5.1
kariert	8/1.3
Karotte, die, -n	5/1.3
Kartoffel, die, -n	5/1.3
Käse, der, *	5/1.3
K**a**sse, die, -n	8/4.1
Kass**e**tte, die, -n	7/1.2
K**a**sten, der, "-	5/1.2
Katastrophe, die, -n	3/5.3
Katastrophenfilm, der, -e	3/5.3
k**au**fen	5/2.1
K**au**fhaus, das, "-er	8/A
Kaufrausch, der, *	Opt. 2/1.1
kein, k**ei**n, k**ei**ne	3/A
Kellner/in, der/die, -/-nen	3/1.1

kennen	1/7.3
kennen lernen	1/A
Kilogramm (kg), das, -	5/1.1
Kilometer (km), der, -	4/1.1
Kind, das, -er	3/4.3
Kinderabteilung, die, -en	8/4.1
Kinderkleidung, die, *	Opt. 2/4
kinderlos	7/5.3
Kino, das, -s	3/5.1
Kirsche, die, -n	HT 5/A
klasse	8/3.3
Klasse, die, -n	2/A
klatschen	Opt. 2/5.1b
Klatschen, das, *	Opt. 2/5.1b
Kleid, das, -er	8/A
Kleidung, die, *	8/1
Kleidungsstück, das, -e	8/A
klein	1/6.4
Knoblauch, der, *	5/6.1
kochen	7/1.7
Koffer, der, -	8/5.1
Kohle, die, *	Opt. 2/1.1
Kohlenhydrat, das, -e	5/8.1
Kollege/Kollegin, der/die, -n/-nen	3/4.3
komisch	HT 4/A
kommen	1/A
Kommode, die, -n	8/5.1
Kommunikation, die, -en	1/8
Komödie, die, -n	3/6.4
Komponist/in, der/die, -en/-nen	8/2.2
Konfitüre, die, -n	5/1.3
Kongress, der, -e	4/5.1
können	2/2.1
Kontakt, der, -e	2/A
Kontrolle, die, -n	8/3.6
kontrollieren	5/2.2
Konvention, die, -en	2/3.3
Konzert, das, -e	6/4.3
korrekt	1/1.1
korrigieren	2/1.3
Kosmetik, die, -a	8/4.1
kosten	5/A
Kostüm, das, -e	Opt. 2/5.6
Krieg, der, -e	3/5.3
Kriegsdrama, das, Pl. Kriegsdramen	3/5.3
Kuchen, der, .-	6/3.3
Kugel, die, -n	HT 4/A
Kuli (Kugelschreiber), der, -s	7/2.7
Kunde/Kundin, der/die, -n/-nen	HT 5/A
Kunstfaser, die, -n	8/1.3
Kurs, der, -e	1/A
Kursteilnehmer/in, der/die, -/-nen	3/6.5
kurz	1/5.2
kurzärmlig	8/1.3
Lage, die, -n	4/5.2
Land, das, "-er	2/3.1
landeskundlich	Opt. 2/4
Landessprache, die, -n	4/A
Landesteil, der, -e	4/5.2
Landkarte, die, -n	4/2.4
ländlich	7/5.3
lang	1/5.2
langärmlig	8/1.3
langsam	1/2.1
lassen	8/1.4
laufen	Opt. 1/8.2b
laut	1/2.1
laut (+ Dat.)	7/5.3
leben	7/2.1
Leben, das, -	7/2.3
Lebensmittel, das, -	5/A
Leder, das, -	8/1.3
Lederwaren, die, Pl.	8/4.1
legen	7/2.7
Lehrer/in, der/die, -/-nen	1/1.1
leichter	4/3.1
Leid tun	2/3.4
leider	4/4.1
Leinen, das, *	8/1.3
leise	Opt. 2/5.1
lernen	1/5.4
lesen	1/1.1
letzter, letztes, letzte	7/5.3
Leute, die, Pl.	2/3.3
lieb	3/5.1
Lieber / Liebes / Liebe ...	
(Anrede im Brief)	6/6.2
Liebe Grüße	3/5.1
lieben	6/4.3
lieber	3/So geht's
Liebesbrief, der, -e	6/6.2
Lieblingsgetränk, das, -e	3/A
Lied, das, -er	Opt. 2/1
liegen	3/3.3
link	5/5.3
links	Opt.1/SE
Liter (l), der, -	5/1.1
locker	6/5.4
lohnen (sich)	Opt. 2/4
Lösung, die, -en	HT 2/5.3
Lotto, das, *	Opt. 1/2
Lottozahl, die, -en	Opt. 1/2
Luxemburgisch, das, *	4/2.1
machen	1/3.2
Mädchen, das, -	4/1.1
mal	3/5.1
mal sehen	6/2.1
man	1/A

mancher, manches, manche	2/3.3	morgens/am Morgen	6/4.3
manchmal	2/3.3	Motorboot, das, -e	6/5.1
Mann, der, "-er	5/3.3	Motorrad, das, "-er	6/5.1
Mantel, der, "-	8/A	müde	HT 2/1.1
Marke, die, -n	5/2.2	Münze, die, -n	6/5.1
Markt, der, "-e	3/1	Museum, das, Pl. Museen	6/5.1
Marmelade, die, -n	5/A	Musik, die, *	6/4.3
Maßangabe, die, -n	5/6.2	Musikabteilung, die, -en	8/4.1
Material, das, -ien	8/1.3	müssen	6/5.4
Maximum, das, *	6/5.4	Mutter, die, "-	7/1.1
Meer, das, -e	4/1.3	Muttersprache, die, -n	1/6.2
mehr	5/8.1	Mütze, die, -n	8/A
mehrere	4/2.1	na klar	3/4.1
mein, mein, meine	1/1.1	nach	6/2.1
Meine Damen und Herren	HT 5/A	Nachbar/in, der/die, -n/-nen	2/4.4
meinen	8/3.2	nachmittags/am Nachmittag	6/4.3
meist	6/4.3	Nachname, der, -n	1/A
meisten, die, Pl.	Opt. 2/3	Nachrichten, die, Pl.	6/1.4
meistens	2/2.3	nächster, nächstes, nächste	4/4.1
melden (sich)	2/3.6	nachts/in der Nacht	6/4.3
Meldung, die, -en	HT 6/1.6	nähen	6/5.1
Menge, die, -n	5/A	naja	2/So geht's
Mengenangabe, die, -n	5/1.2	Name, der, -n	1/A
Mensch, der, -en	7/5.6	nämlich	6/2.1
Milch, die, *	5/1.3	Nationalelf, die, *	6/6.2
Milliliter (ml), der, -	5/1.1	natürlich	HT 4/A
Million, die, -en	4/1.3	neben (+ Dat.)	7/2.1
mindestens	6/5.4	Neffe, der, -n	7/1.1
Mineralwasser, das, -	3/A	negativ	5/5.2
Minute, die, -n	7/3.1	nehmen	3/1.1
Mist, der, *	8/3.3	Neid, der, *	8/6.1
mit	1/1.1	nein	2/A
mit Hilfe	4/1.2	neu	1/6.5
mitbringen	6/3.3	neutral	2/3.5
mitfahren	6/3.3	nicht	1/2.1
mitkommen	3/5.1	Nichte, die, -n	7/1.1
mitmachen	Opt. 2/4	nichts	3/5.2
mitnehmen	8/1.1	Niederländisch, das , *	4/A
mitschreiben	2/3.1	noch	1/5.3
mittags/am Mittag	6/4.3	noch einmal	1/1.1
Mitte, die, *	7/1.2	nominiert	3/5.3
Mittwoch, der, -e	6/4.1	Norden, der, *	4/2
möchten	3/1.1	nördlich von	4/2
Mode, die, *	8/4.1	nordwestlich	4/5.1
Modell, das, -e	8/3.7	normal	8/5.3
modisch	8/1.3	Notrufnummer, die, -n	2/3.1
mögen	3/A	Nudel, die, -n	5/6.1
möglich	7/3.1	Nummer, die, -n	2/A
Möglichkeit, die, -en	4/A	nun	7/2.6
Moment, der, -e	HT 2/3.1	nur	2/3.3
Monat, der, -e	4/1.1	O Mann	3/4.1
Montag, der, -e	6/4.1	ob	8/3.7
montags	6/4.3	Obst, das, *	5/6.1
morgen	3/5.1	ocker	8/1.1

oder	Opt. 1/2	
offen	6/2.1	
offiziell	6/1.4	
oft	1/6.4	
ohne	6/6.2	
Öl, *das, -e*	5/2.1	
Olive, die, -n	5/A	
Olivenöl, das, -e	5/2.2	
Oma, die, -s	7/2.1	
Onkel, *der, -*	7/1.1	
Opa, der, -s	7/2.1	
Oper, die, -n	Opt. 2/2	
Option, die, -en	Opt. 1	
orange	8/1.1	
Orange, *die, -n*	3/A	
Orangensaft, *der, "-e*	3/A	
Orientierung, die, -en	8/A	
Ort, der, -e	3/6.5	
Oscar, der, -s	3/5.3	
Ostdeutsche, der/die, -n	7/5.3	
Ostdeutschland	7/5.3	
Osten, *der, **	4/2	
Österreicher/in, der/die, - /-nen	3/4.3	
östlich von	4/2	
Paar, das, -e	7/5.6	
Packung, die, -en	5/1.3	
Papa, der, -s	7/2.1	
Paprika, der/die, -s	5/A	
Parfümerie, die, -n	8/4.1	
Partner/in, der/die, -/-nen	2/1.3	
Party, die, -s	6/5.4	
Pass, der, "-e	Opt. 1/6	
passen	1/8.1	
passend	Opt. 2/3	
passieren	5/4.4	
Pause, *die, -n*	5/4.3	
per du sein	3/4.3	
Person, *die, -en*	1/3.3	
persönlich	7/2.7	
Perspektive, die, -n	7/1.4	
Pfanne, die, -n	8/4.2	
Pfund (500 mg), das, -e	5/1.1	
Pharma-Firma, die, -en	HT 4/A	
Pilz, *der, -e*	5/6.1	
Pizza, *die, Pl. Pizzen*	3/1.2	
planen	2/So geht's	
Platz, *der, "-e*	3/4.1	
Poker, das, *	6/5.1	
Pole/Polin, der/die, -n/-nen	4/3.1	
Polizei, die, *	2/3.1	
Polnisch, *das, **	4/2.1	
Polo, *das, ˟*	6/5.1	
Pommes frites, *die, Pl.*	5/6.1	
Portugiesisch, das, *	3/6.1	

positiv	5/5.2	
Postleitzahl, die, -en	Opt. 1/6	
praktisch	8/1.3	
präsentieren	Opt. 2/1.4	
Preis, *der, -e*	5/A	
prima	3/6.1	
pro	4/1.3	
probieren	8/3.1	
Problem, *das, -e*	1/8.2	
Produkt, *das, -e*	5/A	
Professor/Professorin, *der/die, -n/-nen*	5/8.1	
Programmierer/in, der/die, -/-nen	4/1.1	
Prozent, *das, -e*	4/1.3	
Pullover, *der, -*	8/A	
Punkt acht	6/2.1	
pünktlich ≠ unpünktlich	6/5.4	
Pünktlichkeit, die, *	6/5.4	
Qualität, *die, -en*	HT 5/A	
Quark, der, -s	5/2.1	
Quiz, *das, **	4/A	
Radio, *das, -s*	1/7.3	
Radiodienst, *der, -e*	HT 6/1.6	
raten	3/6.5	
Rathaus, *das, "-er*	4/5.1	
Rätoromanisch, *das, **	4/2.1	
Rätsel, das, -	2/2.5	
rauf	8/4.2	
Raum, *der, "-e*	2/A	
raus	Opt. 2/1.1	
Rechnung, *die, -en*	3/So geht's	
rechts	5/5.3	
reduzieren	Opt. 2/4	
Region, *die, -en*	7/5.3	
Regisseur/in, der/die, -e/-nen	3/5.3	
Reihe, *die, -n*	2/2.5	
Reihenfolge, die, -n	8/3.5	
rein	Opt. 2/1.1	
Reis, *der, **	5/6.1	
reisen	4/1.3	
Reiseziel, *das, -e*	4/1.3	
Reportage, die, -n	7/5.2	
Restaurant, *das, -s*	4/1.3	
richtig	6/1.1	
Richtige, Pl.	Opt. 1/2	
Richtung, *die, -en*	8/A	
Rindersteak, das, -s	5/6.1	
Ring, *die, -e*	7/2.7	
Rock, *der, "-e*	8/A	
Rolle, *die, -n*	8/4.2	
Rolltreppe, die, -n	8/4.2	
Roman, *der, -e*	3/3.1	
rosa	8/1.1	
rot	8/1.1	

Rugby, das, *	6/5.1
Ruhe, die, *	4/1.3
rund	HT 4/A
runter	8/4.2
Saft, der, "-e	3/A
sagen	1/A
Saison, *die, -s*	Opt. 2/4
Salami, *die, -s*	5/1.3
Salat, der, -e	3/2.2
sammeln	1/3.2
Samstag, der, -e	6/4.1
Sandwich, das, -(e)s	3/2.2
Sänger/in, der/die, -/-nen	8/2.2
Sanitäter, der, -	2/3.1
Sauerkraut, das, *	5/6.1
Saxofon spielen	6/A
sch*ade*!	HT 4/A
Schal, der, -s	8/A
scheiden lassen (sich)	7/5.3
scheußlich	5/6.2
Schinken, der, -	5/A
Schlange stehen	Opt. 2/1.1
schlank	5/8.1
schließen	8/1.4
Schlüsseldienst, der, -e	8/4.1
Schlussverkauf, der, *	Opt. 2/4
Schmuck, der, *	8/4.1
Schnäppchen, das, -	Opt. 2/1.1
Schnäppchen-Jäger, der, -	Opt. 2/4
Schnee, der, *	8/6.1
schnell	5/8.1
Schokolade, die, -n	5/1.3
schon	2/2.1
schön	4/5.1
Schrank, der, "-e	8/5.1
Schreck, der, -en	Opt. 2/1.1
schreiben	1/A
Schritt, der, -e	Opt. 1/8.2b
Schuh, der, -e	8/A
Schule, die, -n	4/1.1
Schwager, der, "-	7/1.1
Schwägerin, *die, -nen*	7/1.1
schwarz	8/1
schwarzfahren	8/6.1
Schweineschnitzel, das, -	5/6.1
Schweizer/in, der/die, -/-nen	4/3.1
schwer	1/2.2
Schwester, die, -n	7/1.1
Schwiegersohn, der, "-e	7/1.1
Schwiegertochter, die, "-	7/1.1
schwierig, schwieriger, am schwierigsten	7/5.3
sehen	6/6.1
Sehenswürdigkeit, die, -n	4/5.2
sehr	2/A
Sehr geehrter/geehrtes/geehrte …	HT 5/A
Seide, die, *	8/1.3
sein	1/A
seit	6/6.2
Seite, die, -n	2/2.1
Sekretärin, die, -nen	2/3.2
selbst	1/7.3
sensationell	HT 5/A
Servus!	1/1.2
Shopping, das, *	Opt. 2/1
sicher sein (sich)	HT 4/A
siezen	3/4.3
singen	6/A
Single, der, -s	7/5.6
sinken	Opt. 2/4
Situation, die, -en	3/4.3
sitzen	7/2.1
Skat spielen	6/A
Ski fahren	4/1.1
Slip, der, -s	8/1.1
Slowakisch, das, *	4/2.1
Slowenisch, das, *	4/2.1
Small talk, der, -s	3/So geht's
SMS, die, -	3/6.4
so	1/3.1
So geht's	1/So geht's
sofort	Opt. 2/1.1
Sohn, der, "-e	4/1.1
Sommer, der, -	Opt. 2/4
Sonderangebot, das, -e	8/3.3
Sonnenbaden, das, *	4/1.3
Sonnenblumenöl, das, -e	5/2.2
Sonntag, der, -e	6/4.1
sonntags	6/4.3
sonstiges	6/5.1a
Sorte, die, -n	HT 5/A
sortieren	7/5.5
Spaghetti, die, Pl.	5/6.3
Spanisch, das, *	2/4.6
spannend	6/2.1
Spaß, der, "-e	HT 4
Spazierengehen, das, *	4/1.3
Speise, die, -n	3/2
Spiel, das, -e	3/3.2
spielen	1/4.2
Spielkarte, die, -n	6/5.3
Spielpartner, der, -	6/5.3
Spielwaren, die, Pl.	8/4.1
Spielzeug, das, *	8/4.2
spitze	5/6.2
Sport, der, *	6/5.1a
Sportabteilung, die, -en	8/4.1
Sportart, die, -en	HT 6/4.1

sportlich 6/4.1	**teuer** 8/3.3
Sprache, die, -n 1/6	*Text*, der, -e 2/2.3
Sprachkurs, der, -e .... Opt. 2/5.2a	**Theater**, das, - 6/5.1
sprechen 1/1.1	**Thema**, das, Pl. Themen 6/5.1
Stadion, das, Pl. Stadien 6/6.2	*Tierpark*, der, -s 4/5.1
Stadt, die, "-e 2/3.1	**Tisch**, der, -e 6/4.1
Stammbaum, der, "-e 7/1.6	*Tischtennis*, das, * 6/4.1
Star, der, -s 3/5.3	*Tischwäsche*, die, -n 8/4.1
stark 1/5.1	**Tochter**, die, "- 7/A
Statistik, die, -en 7/5.3	**Toilette**, die, -n 8/4.1
stattfinden 6/1.1	*toll* 3/6.1
Steak, das, -s 5/3	**Tomate**, die, -n 5/2.1
stehen 2/2.1	**Top**, das, -s 8/A
Stelle, die, -n 3/5.3	*total* 8/5.3
Stiefel, der, - .... Opt. 2/4	**Tourist/in**, der/die, -en/-nen 4/5.1
Stock, der, "e 8/4.1	*Touristenattraktion*, die, -en 4/5.3
Strand, der, "-e 4/4.1	*traditionell* 7/5.3
Straße, die, -n 3/4.3	**tragen** 8/1.2
Stress, der, * 4/1.3	*Traube*, die, -n 5/2.3
stricken 6/A	**treffen** 3/6.1
Strumpf, der, "-e 8/5.1	*Trend*, der, -s 7/5.3
Strumpfhose, die, -n 8/1.1	**Treppe**, die, -n 8/4.2
Student/in, der/die, -en/-nen 3/4.1	*Trikot*, das, -s 6/6.2
studieren 3/4.1	*trinken* 3/A
Stuhl, der, "-e 8/5.1	**Tschechisch**, das, * 4/2.1
suchen 1/7.2	**Tschüss!** 1/8.2
Süden, der, * 4/2	**T-Shirt**, das, -s 8/A
südlich von 4/1.1	*Tuch*, das, "-er 7/2.7
super 5/6.2	**Tür**, die, -en 8/5.2
Suppe, die, -n 5/3	**Turm**, der, "-e 8/2.2
surfen 6/A	*Tüte*, die, -n 5/1.3
systematisch 4/3.1	*TV-Center*, das, - 8/4.1
Tabelle, die, -n 1/6.3	**Typ**, der, -en 6/4.1
Tafel, die, -n 5/1.3	**typisch** 4/1.3
Tag, der, -e 4/1.1	**üben** 1/2.3
Tante, die, -n 7/1.1	**über** 4/A
tanzen 6/5.1	**über** (+ Dat.) .... 8/So geht's
Tasche, die, -n 8/2.1	*Überschrift*, die, -en 7/5.2
tauschen 7/2.4	**U-Boot-Besatzung**, die, -en 3/5.3
Tee, der, - 3/A	*Übung*, die, -en 3/3.5
Teil, der, -e 7/1.4	*Uhr, die, -en* 6/1.1
teilen .... Opt. 2/3	*Uhrzeit*, die, -en 6/A
Teilnehmer/in, der/die, -/-nen 1/1.1	*um* 3/4.2
Telefon, das, -e 2/3	*um Punkt ...* 6/2.1
Telefonat, das, -e .... 2/So geht's	*Um wie viel Uhr ...?* 3/4.2
Telefongespräch, das, -e 2/3.3	*Umfrage*, die, -n 4/2.2
Telefonkarte, die, -n 6/5.1	*Umgangssprache*, die, -en 6/1.4
Telefonkonvention, die, -en 2/3.3	**Umkleidekabine**, die, -n 8/3.2
Telefonnummer, die, -n 2/A	*Umschlag*, der, "-e 4/2.4
Tendenz, die, -en 7/5.3	**und** 1/A
tendenziell 7/5.3	**unfreundlich** 2/3.5
Tennis, das, * 6/4.1	**Ungarisch**, das, ˣ 4/2.1
Termin, der, -e 6/5.4	*ungefähr* .... Opt. 1/2
testen 4/A	**Universität**, die, -en 4/5.1

unten	2/2.1
unter (+ Dat.)	6/A
untereinander	3/4.3
Untergeschoss, das, -e	8/4.1
Unterricht, der, *	1/8
unterrichten	4/1.1
Unterschied, der, -e	5/5.1
Unterschrift, die, -en	6/6.2
unterwegs	4/A
Urlaub, der, *	4/1.1
Urlauber/in, der/die, -/-nen	4/1.3
Variante, die, -n	7/5.3
Vater, der, "-	1/2.1
verabreden *(sich)*	6/A
Verabredung, die, -en	6/2.3
verbinden	5/7.1
vergessen	5/5.3
vergleichen	2/5.2
Vergnügungsviertel, das, -	4/5.1
verheiratet	2/5.1
Verkäufer/in, der/die, -/-nen	5/2.2
verliebt	7/5.3
verlobt	7/5.3
verreisen	8/1.1
verschieden	5/So geht's
verstehen	1/2.1
verteilen	8/4.2
verwählen (sich)	2/3.6
Verwandter/Verwandte, der/die, -n	7/2.1
Verwandtschaft, die, -en	7/A
Verwandtschaftsbezeichnung, die, -en	7/1.4
viel	1/6
Viel Spaß!	7/4.1
viele	3/5.3
Vielen Dank!	2/3.3
Viertel, der, -	6/1.4
violett	8/1.1
voll	3/4.1
Volleyball spielen	6/A
von	2/2.3
von ... bis	6/2.1
vor (+ Dat.)	6/2.4
vorbeikommen	6/2.2
vorbereiten	2/So geht's
vorlesen	1/1.1
Vorliebe, die, -n	8/A
vormittags/am Vormittag	6/4.3
Vorname, der, -n	1/A
vorne	7/1.2
vorstellen (sich)	1/A
Vorwahl, die, -en	2/3.1
wählen	3/4.3
wahr	Opt. 2/1.1

während	Opt. 2/4
wann	3/4.3
Ware, die, -n	Opt. 2/4
warten	3/4.3
warum	6/6.1
was	1/2.3
Wasser, das, -	3/A
wechseln	2/1.3
weg	6/3.3
wegfahren	6/3.3
Wein, der, -e	3/A
Weinglas, das, "-er	8/4.2
Weintraube, die, -n	5/A
weiß	8/1.1
weit	8/1.3
weiterer, weiteres, weitere	3/1.3
weitergehen	2/2.5
weiterschreiben	7/2.3
welcher, welches, welche	1/2.2
Welt, die, en	4/5.1
Weltkrieg, der, -e	3/5.3
wenig	5/8.1
wenig, weniger, am wenigsten	7/5.3
wenn	6/5.4
wenn auch	7/5.3
wer	1/1.1
*Werbung, die, *￼*	HT 4/A
Westdeutschland	7/5.3
Westen, der, *	4/2
westlich von	4/1.1
Wetter, das, *	4/1.3
wichtig, wichtiger, am wichtigsten	2/3.1
wie	1/1.1
Wie bitte?	1/2.1
Wie geht's?	1/1.1
Wie spät ist es denn?	6/1.1
Wie viel Uhr ist es?	6/1.4
wie viel/e	Opt. 1/2
wieder	HT 4/A
wiedergeben	4/So geht's
wiederholen	1/5.4
Wiederholung, die, -en	4/A
willkommen	1/1.1
Winter, der, -	Opt. 2/4
Wintermantel, der, "-	Opt. 2/4
wir	1/2.1
wirklich	5/2.2
wissen	3/1.1
Wissen, das, *	4/A
wo	1/A
Woche, die, -n	4/4.1
Wochenende, das, -en	4/1.1
Wochentag, der, -e	6/A
woher	1/A

wohin	6/2.2
wohnen	1/A
Wohnort, der, -e	1/So geht's
Wohnung, die, -en	7/4.1
Wolle, die, *	8/1.3
wollen	Opt. 2/1.1
Wort, das, "-er	1/5.1
worum	7/5.2
wunderbar	Opt. 2/1.1
wünschen	5/2.2
Würfel, der, -	Opt. 1/3
Würfelspiel, das, -e	Opt. 1/3
Yoga machen	6/A
Zahl, die, -en	2/A
zahlen	3/1.1
zählen	2/2.4
zeichnen	1/7.3
Zeichnung, die, -en	Opt. 2/1.3
zeigen	3/5.3
Zeit, die, -en	3/5.1
Zeitung, die, -en	1/7.3
Zeitungsartikel, der, -	5/8.1
Zettel, der, -	2/So geht's
Ziehung, die, -en	Opt. 1/2
Zirkus, der, -se	6/5.1

*Zorn, der, * *	8/6.1
zu	5/8.1
zu dritt	8/3.3
zu Ende	6/1.4
zu Hause	1/So geht's
zu viert	Opt. 1/3
zu zweit	HT 1/8.2
zuerst	1/1.1
zuhören	7/4.1
zum **Beispiel** (z.B.)	1/7.1
zurück	3/1.1
zurückfahren	6/3.3
zusammen	2/1.3
zusammengehören	7/1.1
zusammenpassen	5/1.3
Zuschauer/in, der/die, -/-nen	HT 4/A
zu viel	5/8.1
zuwerfen (sich)	3/3.2
zweierlei	7/5.3
zweimal	2/3.1
zweiter, zweites, zweite	8/4.1
zweitgrößter, zweitgrößtes,	
zweitgrößte	4/5.1
Zwiebel, die, -n	5/1.3
zwischen	4/1.1

Bildquellen